드림 웨이브

하나님 나라의 통치 2

사무엘하 / 열왕기상·하

고학년

꿈이 있는 미래

드림 웨이브 하나님 나라의 통치 2

고학년

초판 1쇄 인쇄 2023년 5월 10일
초판 1쇄 발행 2023년 5월 24일

글쓴이 방석일, 김준호, 이준호
그린이 김영화

발행인 김은호
발행처 도서출판 꿈미
등록 제2014-000035호
주소 서울시 강동구 양재대로81길 39, 202호
전화 070-4352-4143, 02-6413-4896
팩스 02-470-1397
홈페이지 www.coommi.org
쇼핑몰 www.coommimall.com

ISBN 979-11-90862-88-2(74230)
979-11-89047-15-3(세트)

머리말

기독교 교육에서 중요한 것은 하나님에 대한 지식을 넘어 하나님과의 경험을 풍성하게 하는 것입니다. 이런 교육 철학으로 다음세대가 하나님과의 스토리를 만들어 가도록 초등학생을 위한 공과 교재를 발간했습니다.

하나님의 말씀에는 세상이 감당할 수 없는 하나님의 사람으로 자라나게 하는 힘이 있습니다. 이 교재는 다음세대가 하나님의 말씀을 통해 자신을 들여다보고 말씀을 통해 자신의 삶을 변화시키게 합니다. 다음세대가 하나님의 이야기를 배우고 그 이야기가 나의 이야기로 어떻게 연결되는지를 체험하게 될 것입니다. 이와 같은 교육 철학을 담은 '드림웨이브'를 통해 한국교회와 가정, 학교에서 다음세대가 다시 일어나고, 하나님 나라의 귀한 일꾼으로 세워지길 간절히 기도합니다.

꿈이 있는 미래 대표 목사

차 례

교재 활용법

7단원 1과

하나님께 죄를 고백해요

읽을 말씀 사무엘하 12장 13~23절

외울 말씀 만일 우리가 우리 죄를 자백하면 그는 미쁘시고 의로우사 우리 죄를 사하시며 우리를 모든 불의에서 깨끗하게 하실 것이요(요한일서 1장 9절)

원 포인트 하나님께 죄를 고백해요.

WELCOME

좋은 일을 자랑해 보아요!

내가 했던 좋은 일을 친구들에게 자랑해 보세요.

16

ADVENTURE

본문 말씀을 기억하며 질문에 해당하는 정답을 가로, 세로, 대각선에서 찾아보세요.

금	본	말	기	경	배	대	각
식	익	분	며	빈	가	로	세
있	일	저	씀	해	서	나	오
가	수	기	여	간	당	하	단
도	누	도	죄	모	던	는	보
음	다	무	기	지	구	요	우
갑	선	윗	나	르	사	레	리
미	지	에	아	고	한	강	아

1 사무엘하 12장 13절을 찾아 말씀을 완성해요.
"다윗이 나단에게 이르되 내가 여호와께 ( )를 범하였노라 하매."

2 사무엘하 12장 15절을 찾아 말씀을 완성해요.
"( )( )이 자기 집으로 돌아가니라 ( )( )( )의 아내가 다윗에게 낳은 아이를 여호와께서 치시매 심히 앓는지라."

3 사무엘하 12장 16절을 찾아 말씀을 완성해요.
"다윗이 그 아이를 위하여 하나님께 간구하되 다윗이 ( )( )하고 안에 들어가서 밤새도록 땅에 엎드렸으니."

4 사무엘하 12장 19절을 찾아 말씀을 완성해요.
"( )( )이 그의 신하들이 서로 수군거리는 것을 보고 그 아이가 죽은 줄을 ( )( )이 깨닫고."

5 사무엘하 12장 20절을 찾아 말씀을 완성해요.
"다윗이 땅에서 일어나 몸을 씻고 기름을 바르고 의복을 갈아입고 여호와의 전에 들어가서 ( )( )하고."

17

WELCOME

말씀 안으로 들어가기 위해 마음을 여는 단계입니다. 소개된 활동과 질문을 통해 자신의 이야기를 나눕니다.

ADVENTURE

성경 본문 탐험을 통해 귀납적 성경 연구와 본문의 핵심 내용을 파악하는 단계입니다. 주차별로 숨은 정답 찾기, 가로세로 낱말 퍼즐, 빈칸 채우기, 성경 퀴즈 등 다양한 활동을 통해 스스로 본문의 내용을 탐구해 봅니다.

VALUE

나의 죄를 고백하기!

각 그림 속의 친구가 고백해야 할 죄가 무엇인지 적고 나눠 보세요.

상황	죄 고백하기

내가 고백해야 할 죄는 무엇인가요?

18

ENCOURAGE

이번 주 미션

한 주간의 죄를 고백하는 편지를 작성하고 같은 죄를 다시 짓지 않도록 다짐해요.

To. 하나님

From.

이번 한 주 실천사항

실천하기	성경 읽기	기도하기	말씀 암송	이번 주 미션
확인 도장				

예배 일기

주일 예배의 은혜를 기억하며 나의 예배 일기를 작성해 보세요.

날짜 년 월 일

가장 좋았던 찬양

말씀 제목

느낀 점

기도

19

VALUE

배운 말씀을 기반으로 적용 활동을 하면서 삶에 구체적인 가치를 부여하는 단계입니다. 말씀을 내 삶에 적용하기 위한 질문에 진지하게 대답하고 결단하는 시간을 가집니다. 함께 결단한 내용을 토대로 기도하며 마무리합니다.

ENCOURAGE

배운 말씀을 한 주 동안 실천합니다. 구체적인 계획을 세워 하나님 말씀을 지키며 거룩한 습관을 세워 가는 단계입니다. 주일 예배의 은혜를 기억하며 예배 일기를 작성합니다.

한눈에 보기

단원	과	제목	읽을 말씀	외울 말씀	원 포인트
7단원	1	하나님께 죄를 고백해요	삼하 12:13~23	요일 1:9	하나님께 죄를 고백해요.
	2	하나님의 뜻을 따라 살아요	삼하 15:1~12	롬 13:14	언제나 하나님의 뜻을 따라 살아요.
	3	하나님의 뜻을 구해요	삼하 16:1~14	시 143:10	언제나 하나님의 뜻을 구해요.
	4	하나님은 겸손한 사람을 높이세요	삼하 18:1~15	마 23:12	하나님은 교만한 사람을 낮추시고, 겸손한 사람을 높이세요.
	5	승리를 주시는 하나님을 찬양해요	삼하 22:1~7	삼하 22:30	승리를 주시는 하나님을 기쁨으로 찬양해요.
8단원	1	하나님의 말씀대로 살아요	왕상 2:1~12	왕상 2:3	하나님의 말씀대로 살아요.
	2	하나님의 지혜를 구해요	왕상 3:1~9	잠 4:7	하나님의 지혜를 구해요.
	3	하나님의 지혜를 의지해요	왕상 3:16~28	욥 12:13	하나님의 지혜를 의지해요.
	4	하나님이 우리와 함께하세요	왕상 6:1~13	레 26:12	하나님이 하나님의 백성과 함께하심을 알아요.
9단원	1	하나님의 은혜에 감사해요	왕상 8:54~66	시 31:19	하나님이 주신 은혜에 감사해요.
	2	오직 하나님만 사랑해요	왕상 11:1~13	미 6:8	오직 하나님만 사랑해요.
	3	마음을 하나님께로 향해요	왕상 12:25~33	잠 4:23	우리의 마음을 하나님께로 향해요.
	4	정직한 마음을 가져요	왕상 15:9~15	시 51:10	하나님 앞에서 정직해야 해요.

단원	과	제목	본문	요절	주제
10 단원	1	고난은 하나님을 알게 해요	왕상 17:17~24	시 119:71	고난을 통해 하나님을 알게 돼요.
	2	여호와만 참 하나님이세요	왕상 18:30~40	시 100:3	여호와만 참 하나님이세요.
	3	하나님은 모든 죄를 아세요	왕상 21:17~29	잠 28:13	하나님은 나의 모든 죄를 아시는 분이세요.
	4	하나님은 능력을 주세요	왕하 2:1~18	빌 4:13	하나님은 능력을 주시는 분이세요.
	5	하나님은 생명을 다스리세요	왕하 4:29~37	시 36:9	하나님은 생명을 다스리시는 분이세요.
11 단원	1	하나님이 깨끗하게 하셨어요	왕하 5:1~14	히 9:22	하나님은 우리를 깨끗하게 하시는 분이세요.
	2	하나님의 말씀은 성취돼요	왕하 7:9~20	잠 13:13	하나님의 말씀은 반드시 성취돼요.
	3	하나님께 돌아가요	왕하 11:13~21	시 80:3	우상을 버리고 하나님께 돌아가요.
	4	하나님은 우리를 지키세요	왕하 13:14~25	시 121:3	하나님은 하나님의 백성을 지키세요.
12 단원	1	하나님의 말씀에 순종해요	왕하 17:13~23	신 12:28	하나님의 말씀을 듣고 순종해요.
	2	하나님만 믿고 의지해요	왕하 18:1~12	시 84:12	하나님만 믿고 의지해요.
	3	하나님께 간절히 기도해요	왕하 20:1~11	렘 33:3	하나님은 간절한 기도를 들으세요.
	4	말씀을 듣고 회개해요	왕하 22:8~20	시 51:7	하나님의 말씀을 듣고 회개해요.
	5	하나님의 백성은 겸손해요	왕하 25:1~17	벧전 5:6	하나님 앞에서 겸손해야 해요.
절기	추수감사주일	영원한 생명을 주셨어요	롬 6:17~23	롬 6:22	영원한 생명을 주신 하나님께 감사해요.
	성탄주일	예수님이 좋은 소식이에요	눅 2:8~20	눅 2:11	예수님이 세상의 좋은 소식이에요.

꿈미 메타버스

로블록스 젭

'변하지 않는 말씀을 변하는 시대적 도구로 가르치라.'

2023년 꿈미 메타버스는 드림웨이브 '하나님 나라의 통치' 커리큘럼에 맞춰 제작되었습니다. 하나님의 말씀을 메타버스에서 배울 수 있도록 두 가지 플랫폼의 콘텐츠를 제공합니다.

드림웨이브 〈젭〉

2D를 활용한 ZEP(젭)은 놀이공원 콘셉트로 맵이 구성되어 있습니다. 드림웨이브 공과에 맞춰 사사 이야기부터 분열 왕국까지의 이야기를 다룹니다. 매주 게임을 통해 자연스럽게 성경 이야기를 배웁니다. 또한 ZEP(젭)으로 오프라인 공간에서 온라인을 활용한 교육을 진행할 수 있습니다.

드림웨이브 〈로블록스〉

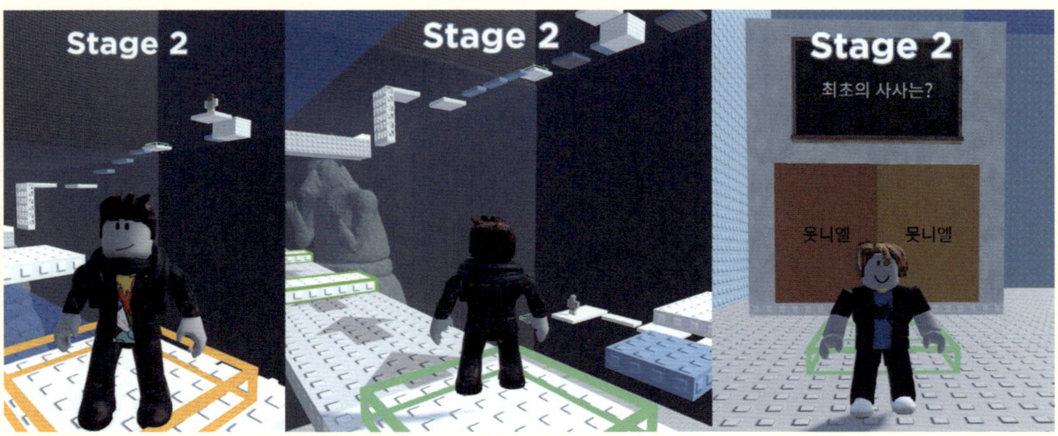

3D를 활용한 ROBLOX(로블록스)는 게임 내에서 가장 인기가 많은 '타워'(점프맵) 형식입니다. 다양한 퀴즈를 통해 아이들이 즐겁게 그리고 자연스럽게 성경을 배울 수 있습니다.

책 소개

사무엘서를 소개합니다

'사무엘서'의 뜻은?

사무엘서는 이스라엘의 마지막 사사이자 새롭게 왕정 시대를 열게 될 선지자 사무엘의 이야기로 시작해서 다윗 왕조 이야기로 끝을 맺어요. 또한 사무엘서는 이스라엘에 왕정이 설립된 과정과 왕정이 갖는 신학적 중요성을 말해요. 이스라엘이 어떻게 사사 시대를 마무리하고 왕정 시대를 맞이했는지, 하나님이 그들의 역사에 어떻게 간섭하셨는지를 묘사해요.

누가, 언제 썼나요?

선지자 사무엘이 사무엘상 1~24장을, 선지자 나단과 가드가 나머지를 집필했다고 전해져요. 이외에도 다윗 정권 때 서기관으로 활약한 스라야(삼하 8:17), 사독의 아들로 압살롬의 반란 때 다윗을 도운 아히마아스(삼하 15:27), 다윗의 광야 시절부터 함께한 제사장 아비아달(삼하 20:25) 등이 썼다고 말하기도 해요. 저자가 누구였는지 가늠할 수 없어도 B.C. 550~540년에 바빌론에서 최종적으로 편집되었을 것으로 봐요.

어떤 내용이 담겨 있나요?

사무엘서는 이스라엘의 역사 가운데 사사 시대 말기부터 다윗 왕까지의 역사를 다뤄요. 사무엘은 사울을 왕으로 세우고 후에 다윗을 왕으로 세웠어요. 사무엘은 사울의 실패를 통해 왕도 하나님의 말씀과 율법에 순종해야 함을 알려 줘요. 이스라엘의 진정한 왕은 하나님뿐이에요. 하나님은 사무엘서 전반에 걸쳐 왕으로 세워진 이들이 다윗과 같이 왕의 자리에서도 하나님을 왕으로 섬기는지 아닌지를 보셨어요. 그리고 그들의 나라와 삶을 인도하셨어요.

무엇을 배우게 되나요?

첫째, 하나님이 이스라엘의 역사에 주권적으로 개입하신다는 거예요. 역사가 하나님 중심적, 그리스도 중심적으로 전개되는 것을 볼 수 있어요.
둘째, 하나님의 통치-신정(theocracy)의 원칙이에요. 삶의 모든 영역에서 하나님만이 왕이심을 분명히 알아야 해요.
셋째, 왕도 백성과 같이 하나님의 법에 순종해야 한다는 거예요. 사무엘 시대에 백성이 왕을 요구하자, 결국 하나님은 왕을 세우시고 왕의 자격과 의무를 정해 주셨어요. 왕은 하나님의 뜻에 굴복해야 해요. 높은 왕일지라도 하나님의 자리에 앉아서는 안 돼요.

열왕기서를 소개합니다

'열왕기서'의 뜻은?

열왕기서는 고대 이스라엘의 왕국 시대(B.C. 970~586년)에 대해서 묘사해요. 또한 열왕기서에는 사울과 다윗의 통치에 관한 이야기는 대부분 제외되었어요. 신명기에 제시된 신학적 관점에 근거해서 이스라엘의 과거를 설명하려고 시도해요. 열왕기서의 저자가 신명기에 의해 영향을 받은 사실을 알 수 있어요.

누가, 언제 썼나요?

열왕기서는 B.C. 6세기 이후에 기록된 것으로 추정돼요. 하지만 이와 다른 견해도 있어요. 포로 시대 후기 또는 포로 시대 이후에 저술된 열왕기서가 B.C. 586년 남유다 왕국의 백성이 포로로 끌려가기 전 또는 포로 시대에 저술된 초기 열왕기 판본에 기초해서 작성되었다는 견해예요. 열왕기서의 본문에 페르시아 시대(B.C. 539~330년)에 편집되었다는 증거도 있어요.

어떤 내용이 담겨 있나요?

열왕기서는 신명기에 제시된 신학적 관점에 근거해서, 이스라엘 왕국의 후기 시대를 설명해요. 열왕기서는 선하신 하나님이, 그분이 선택한 나라가 멸망하고 이스라엘 백성이 포로로 잡혀가는 것을 지켜보셨다고 주장해요. 그리고 이는 이스라엘 백성이 하나님 앞에서 수많은 죄를 지었기 때문이라고 해요. 그러나 하나님은 하나님이 선택한 왕조가 끊어지지 않게 하시고, 진정으로 회개한 사람들을 용서해 주세요.

무엇을 배우게 되나요?

첫째, 여호와는 유일하시며 참되신 하나님이라는 사실을 계속해서 보여 줘요. 하나님은 결코 우상과 견줄 수 없는, 모든 만물을 지으신 분이에요.

둘째, 오직 하나님만을 섬겨야 한다는 거예요. 하나님은 이스라엘 백성에게 우상을 섬기지 말고, 오직 하나님만을 경배하라고 말씀하셨어요.

셋째, 참된 예배와 잘못된 예배에 대해서 알려 줘요. 하나님은 우상을 섬기는 잘못된 예배를 심판하세요. 하나님의 백성은 참된 예배를 통해 하나님의 말씀에 순종하며 살아야 해요.

7단원

DREAM WAVE UNIT 7

7단원 1과

하나님께 죄를 고백해요

읽을 말씀 사무엘하 12장 13~23절

외울 말씀 만일 우리가 우리 죄를 자백하면 그는 미쁘시고 의로우사 우리 죄를 사하시며 우리를 모든 불의에서 깨끗하게 하실 것이요(요한1서 1장 9절)

원 포인트 하나님께 죄를 고백해요.

WELCOME

좋은 일을 자랑해 보아요!

내가 했던 좋은 일을 친구들에게 자랑해 보세요.

ADVENTURE

본문 말씀을 기억하며 질문에 해당하는 정답을 가로, 세로, 대각선에서 찾아보세요.

금	본	말	기	경	배	대	각
식	억	문	며	빈	가	로	세
있	알	저	씀	해	서	나	오
가	수	기	여	칸	당	하	단
도	누	도	죄	모	던	는	보
을	다	무	기	지	구	요	우
갑	선	윗	니	르	사	레	리
미	지	에	아	고	한	강	아

1 사무엘하 12장 13절을 찾아 말씀을 완성해요.
"다윗이 나단에게 이르되 내가 여호와께 ◯를 범하였노라 하매."

2 사무엘하 12장 15절을 찾아 말씀을 완성해요.
"◯◯이 자기 집으로 돌아가니라 ◯◯◯의 아내가 다윗에게 낳은 아이를 여호와께서 치시매 심히 앓는지라."

3 사무엘하 12장 16절을 찾아 말씀을 완성해요.
"다윗이 그 아이를 위하여 하나님께 간구하되 다윗이 ◯◯하고 안에 들어가서 밤새도록 땅에 엎드렸으니."

4 사무엘하 12장 19절을 찾아 말씀을 완성해요.
"◯◯이 그의 신하들이 서로 수군거리는 것을 보고 그 아이가 죽은 줄을 ◯◯이 깨닫고."

5 사무엘하 12장 20절을 찾아 말씀을 완성해요.
"다윗이 땅에서 일어나 몸을 씻고 기름을 바르고 의복을 갈아입고 여호와의 전에 들어가서 ◯◯하고."

VALUE

나의 죄를 고백하기!

각 그림 속의 친구가 고백해야 할 죄가 무엇인지 적고 나눠 보세요.

상황	죄 고백하기

내가 고백해야 할 죄는 무엇인가요?

ENCOURAGE

이번 주 미션

한 주간의 죄를 고백하는 편지를 작성하고 같은 죄를 다시 짓지 않도록 다짐해요.

To. 하나님

From.

이번 한 주 실천사항

실천하기	성경 읽기	기도하기	말씀 암송	이번 주 미션
확인 도장				

예배 일기

주일 예배의 은혜를 기억하며 나의 예배 일기를 작성해 보세요.

날짜 년 월 일

가장 좋았던 찬양	
말씀 제목	
느낀 점	
기도	

7단원 2과

하나님의 뜻을 따라 살아요

읽을 말씀 사무엘하 15장 1~12절

외울 말씀 오직 주 예수 그리스도로 옷 입고 정욕을 위하여 육신의 일을 도모하지 말라
(로마서 13장 14절)

원 포인트 언제나 하나님의 뜻을 따라 살아요.

WELCOME

멋진 축구 선수를 만들어 주세요!

장래에 멋진 축구 선수가 되고 싶은 학생이 연습을 하고 있어요. 다음 세 가지 프로그램 중 어떤 프로그램으로 연습해야 멋진 축구 선수가 될 수 있을까요? 친구들과 나눠 보세요.

연습 프로그램

2. 오른발 드리블 연습 ⇨ 왼발 드리블 연습 ⇨
오른발 패스&슈팅 연습 ⇨ 왼발 패스&슈팅 연습

1. 오른손 드리블 연습
⇨ 왼손 드리블 연습
⇨ 레이업 슛 연습
⇨ 3점 슛 연습
⇨ 덩크 연습

3. 공 받기 연습
⇨ 공 던지기 연습
⇨ 안타 연습
⇨ 홈런 연습
⇨ 도루 연습

ADVENTURE

본문 말씀을 떠올리며 〈보기〉의 단어를 가지고 빙고 게임과 말씀 빈칸 채우기를 해요.

보 기

압살롬　재판관　성문　마음　송사　정탐
헤브론　나팔　아히도벨　왕　다윗　모사

1 사무엘하 15장 1절을 찾아 완성해요.
"그 후에 ○○○이 자기를 위하여 병거와 말들을 준비하고 호위병 오십 명을 그 앞에 세우니라."

2 사무엘하 15장 2절을 찾아 완성해요.
"압살롬이 일찍이 일어나 ○○ 길 곁에 서서 어떤 사람이든지 ○○가 있어 왕에게 재판을 청하러 올 때에 그 사람을 불러 이르되 너는 어느 성읍 사람이냐 하니 그 사람의 대답이 종은 이스라엘 아무 지파에 속하였나이다 하면."

3 사무엘하 15장 6절을 찾아 완성해요.
"이스라엘 무리 중에 왕께 재판을 청하러 오는 자들마다 압살롬의 행함이 이와 같아서 이스라엘 사람의 ○○을 압살롬이 훔치니라."

4 사무엘하 15장 10절을 찾아 완성해요.
"이에 압살롬이 정탐을 이스라엘 모든 지파 가운데에 두루 보내 이르기를 너희는 ○○ 소리를 듣거든 곧 말하기를 압살롬이 헤브론에서 ○이 되었다 하라 하니라."

5 사무엘하 15장 12절을 찾아 완성해요.
"제사 드릴 때에 압살롬이 사람을 보내 다윗의 모사 길로 사람 ○○○○을 그의 성읍 길로에서 청하여 온지라 반역하는 일이 커가매 압살롬에게로 돌아오는 백성이 많아지니라."

VALUE

욕심이 아닌 하나님의 뜻을 생각해요!

압살롬은 자신의 욕심을 따라 스스로 왕이 되고자 했어요. 하나님의 뜻을 생각하며, 압살롬의 행동을 바로잡아 보세요.

압살롬의 행동	하나님의 뜻
압살롬은 성문에서 사람들의 문젯거리를 들어주며, 다윗 왕이 해야 할 일을 가로챘어요.	
압살롬은 헤브론에서 자신을 왕으로 선포했어요.	
압살롬은 지략가 아히도벨을 자신의 편으로 끌어들이며, 하나님이 아닌 사람의 지혜를 의지했어요.	

ENCOURAGE

이번 주 미션

나의 욕심이 아닌 하나님의 뜻을 실천하는 한 주간을 보내 보세요.

요일	하나님의 뜻을 어떻게 실천했나요?	실천 여부(O/X)
월		
화		
수		
목		
금		
토		

이번 한 주 실천사항

실천하기	성경 읽기	기도하기	말씀 암송	이번 주 미션
확인 도장				

예배 일기

주일 예배의 은혜를 기억하며 나의 예배 일기를 작성해 보세요.

날짜 년 월 일

가장 좋았던 찬양	
말씀 제목	
느낀 점	
기도	

7단원 3과

하나님의 뜻을 구해요

읽을 말씀 사무엘하 16장 1~14절

외울 말씀 주는 나의 하나님이시니 나를 가르쳐 주의 뜻을 행하게 하소서 주의 영은 선하시니 나를 공평한 땅에 인도하소서(시편 143편 10절)

원 포인트 언제나 하나님의 뜻을 구해요.

WELCOME

이 상황에 필요한 것은?

그림을 보고, 각각의 상황에 필요한 것이 무엇인지 말풍선 안에 그려 넣어 보세요.

ADVENTURE

사무엘하 16장 1~14절을 읽고, 〈보기〉의 단어에서 답을 찾아 빈칸을 채우고 질문에 답해 보세요.

1절 다윗이 마루턱을 조금 지나니 ○○○○의 종 시바가 안장 지운 두 나귀에 떡 이
백 개와 건포도 백 송이와 여름 과일 백 개와 포도주 한 가죽부대를 싣고 다윗을 맞는지라
2절 왕이 시바에게 이르되 네가 무슨 ○으로 이것을 가져왔느냐 하니 시바가 이르되 나귀는
왕의 가족들이 타게 하고 떡과 과일은 청년들이 먹게 하고 포도주는 들에서 피곤한 자들에
게 마시게 하려 함이니이다

⋮

5절 다윗 왕이 바후림에 이르매 거기서 사울의 친족 한 사람이 나오니 게라의 아들이요 이름은 ○
○○라 그가 나오면서 계속하여 저주하고
6절 또 다윗과 다윗 왕의 모든 신하들을 향하여 ○을 던지니 그 때에 모든 백성과 용사들은 다 왕의 좌
우에 있었더라
7절 시므이가 ○○하는 가운데 이와 같이 말하니라 피를 흘린 자여 사악한 자여 ○○
○ ○○○

⋮

11절 또 ○○이 아비새와 모든 신하들에게 이르되 내 몸에서 난 아들도 내 생명을 해하려 하거든
하물며 이 베냐민 사람이랴 여호와께서 그에게 명령하신 것이니 그가 저주하게 버려두라

보 기

시므이 므비보셋 뜻 돌 저주 다윗 가거라

1 시바는 무엇을 가지고 다윗을 맞이했나요? (삼하 16:1)

2 그런 시바에게 다윗은 무엇을 주었나요? (삼하 16:4)

3 다윗이 자신을 저주하는 시므이를 내버려 둔 이유는 무엇인가요? (삼하 16:11)

VALUE

하나님의 뜻을 따라 살아요!

어려운 상황에서도 하나님의 뜻을 따라 살기로 다짐하며, 하나님께 편지를 작성해 보세요.

ENCOURAGE

이번 주 미션

이번 한 주간 하나님의 뜻을 구하며 오늘 본문 말씀인 사무엘하 16장 1~14절을 읽고 묵상해 보세요.

묵상 내용

이번 한 주 실천사항

실천하기	성경 읽기	기도하기	말씀 암송	이번 주 미션
확인 도장				

예배 일기

주일 예배의 은혜를 기억하며 나의 예배 일기를 작성해 보세요.

날짜 년 월 일

가장 좋았던 찬양

말씀 제목

느낀 점

기도

7단원 4과

하나님은 겸손한 사람을 높이세요

읽을 말씀 사무엘하 18장 1~15절

외울 말씀 누구든지 자기를 높이는 자는 낮아지고 누구든지 자기를 낮추는 자는 높아지리라(마태복음 23장 12절)

원 포인트 하나님은 교만한 사람을 낮추시고, 겸손한 사람을 높이세요.

WELCOME

마음을 그려 줘!

그림 속 학생의 마음을 생각해 보고, 마지막 장면을 완성해 보세요.

ADVENTURE

본문 말씀을 떠올리며 다음 문제를 풀어 보세요.

1 다윗은 전쟁에 앞서 ◯◯◯과 백부장을 세웠어요. (삼하 18:1)

답 ____________

2 압살롬과의 전쟁에서 병사를 이끌었던 지휘관 세 명의 이름은 무엇인가요? (삼하 18:2)

답 ____________

3 다윗이 전쟁에 함께 나가겠다고 말하자, 백성이 왕은 우리 '☆▼♥' 명보다 귀하다고 말했어요. (삼하 18:3)

답 ____________

암호	♬	♥	☆	■	♣
자음	ㄱ	ㄴ	ㅁ	ㅅ	ㅎ
암호	▼	◉	♠	◎	∨
모음	ㅏ	ㅜ	ㅣ	ㅐ	ㅔ

4 다윗 왕은 젊은 압살롬을 어떻게 대해 달라고 말했나요? (삼하 18:5)

답 ____________

① 강하게 ② 너그러이 ③ 무섭게 ④ 특별하게

5 압살롬은 무엇을 타고 있었나요? (삼하 18:9)

답 ____________

6 압살롬의 머리가 걸린 나무의 이름은 '상수리나무'이다. (삼하 18:9) (◯/X)

답 ____________

7 사무엘하 18장 1~15절에서 '압살롬'이 몇 번 나오는지 세어 보세요.

답 ____________ 번

8 사무엘하 18장 1~15에서 '다윗'이 몇 번 나오는지 세어 보세요.

답 ____________ 번

VALUE

나의 마음 비춰 보기

교만한 자를 낮추시고 겸손한 자를 높이시는 하나님을 기억하며, 나의 마음을 거울에 비춰 보세요.

기도문

ENCOURAGE

이번 주 미션

스스로 낮추고 겸손하게 삶을 살기 위해서 한 주간 아침, 저녁으로 하나님께 기도하는 삶을 실천해 보세요.

요일	아침 (O/X)	저녁 (O/X)
월		
화		
수		
목		
금		
토		

이번 한 주 실천사항

실천하기	성경 읽기	기도하기	말씀 암송	이번 주 미션
확인 도장				

예배 일기

주일 예배의 은혜를 기억하며 나의 예배 일기를 작성해 보세요.

날짜 년 월 일

가장 좋았던 찬양	
말씀 제목	
느낀 점	
기도	

7단원 5과

승리를 주시는 하나님을 찬양해요

읽을 말씀 사무엘하 22장 1~7절

외울 말씀 내가 주를 의뢰하고 적진으로 달리며 내 하나님을 의지하고 성벽을 뛰어넘나이다(사무엘하 22장 30절)

원 포인트 승리를 주시는 하나님을 기쁨으로 찬양해요.

WELCOME

언제 노래를 부르나요?

우리는 언제 콧노래를 부르나요? 친구들과 나눠 보세요.

ADVENTURE

본문 말씀을 떠올리며 〈보기〉의 단어를 가지고 빙고 게임과 말씀 빈칸 채우기를 해요.

보 기

노래 구원 다윗 반석 망대 뿔
구원자 피난처 찬송 환난 여호와 성전

1 사무엘하 22장 1절을 찾아 완성해요.
"여호와께서 다윗을 모든 원수의 손과 사울의 손에서 ○○하신 그 날에 ○○이 이 ○○의 말씀으로 여호와께 아뢰어."

2 사무엘하 22장 2절을 찾아 완성해요.
"이르되 여호와는 나의 ○○이시요 나의 요새시요 나를 위하여 나를 건지시는 자시요."

3 사무엘하 22장 3절을 찾아 완성해요.
"내가 피할 나의 반석의 하나님이시요 나의 방패시요 나의 구원의 ○이시요 나의 높은 ○○시요 그에게 피할 나의 ○○○시요 나의 ○○○시라 나를 폭력에서 구원하셨도다."

4 사무엘하 22장 4절을 찾아 완성해요.
"내가 ○○ 받으실 여호와께 아뢰리니 내 원수들에게서 구원을 받으리로다."

5 사무엘하 22장 7절을 찾아 완성해요.
"내가 ○○ 중에서 ○○○께 아뢰며 나의 하나님께 아뢰었더니 그가 그의 ○○에서 내 소리를 들으심이여 나의 부르짖음이 그의 귀에 들렸도다."

VALUE

작사가가 되어 보아요!

다윗이 하나님께 감사의 찬양을 올려 드렸어요. 우리를 구원하신 하나님께 감사하며 찬양을 직접 작사해 보세요.

ENCOURAGE

이번 주 미션

온 가족이 함께 하나님께 찬양 드려 보세요. 어떤 찬양을 불렀는지, 찬양을 부를 때 어떤 마음이 들었는지 적어 보세요.

찬양 제목	어떤 마음이 들었나요?

이번 한 주 실천사항

실천하기	성경 읽기	기도하기	말씀 암송	이번 주 미션
확인 도장				

예배 일기

주일 예배의 은혜를 기억하며 나의 예배 일기를 작성해 보세요.

날짜 년 월 일

가장 좋았던 찬양	
말씀 제목	
느낀 점	
기도	

8단원

DREAM WAVE UNIT 8

8단원 1과

하나님의 말씀대로 살아요

읽을 말씀 열왕기상 2장 1~12절

외울 말씀 네 하나님 여호와의 명령을 지켜 그 길로 행하여 그 법률과 계명과 율례와 증거를 모세의 율법에 기록된 대로 지키라 그리하면 네가 무엇을 하든지 어디로 가든지 형통할지라(열왕기상 2장 3절)

원 포인트 하나님의 말씀대로 살아요.

WELCOME

길을 잃어버렸을 때?!

길을 잃어버린 적이 있나요? 친구들과 함께 나눠 보세요.

ADVENTURE

본문 말씀을 기억하며 질문에 해당하는 정답을 가로, 세로, 대각선에서 찾아보세요.

장	사	고	학	아	집	필	마
그	만	나	책	수	영	화	음
늘	큐	고	상	감	드	웨	신
매	솔	로	몬	람	호	여	명
헷	황	리	무	남	도	씀	영
갈	정	항	우	뭄	율	기	강
리	왕	비	멜	렉	법	엘	렉
도	럭	답	은	어	경	공	니

1 열왕기상 2장 1절을 찾아 완성해요.
"다윗이 죽을 날이 임박하매 그의 아들 ( )( )( ) 에게 명령하여 이르되."

2 열왕기상 2장 3절을 찾아 완성해요.
"네 하나님 여호와의 명령을 지켜 그 길로 행하여 그 법률과 계명과 율례와 증거를 모세의 ( )( ) 에 기록된 대로 지키라 그리하면 네가 무엇을 하든지 어디로 가든지 형통할지라."

3 열왕기상 2장 4절을 찾아 완성해요.
"여호와께서 내 일에 대하여 말씀하시기를 만일 네 자손들이 그들의 길을 삼가 ( )( ) 을 다하고 성품을 다하여 진실히 내 앞에서 행하면 이스라엘 왕위에 오를 사람이 네게서 끊어지지 아니하리라 하신 말씀을 확실히 이루게 하시리라."

4 열왕기상 2장 10절을 찾아 완성해요.
"다윗이 그의 조상들과 함께 누워 다윗 성에 ( )( ) 되니."

5 열왕기상 2장 11절을 찾아 완성해요.
"다윗이 이스라엘 ( ) 이 된 지 사십 년이라 헤브론에서 칠 년 동안 다스렸고 예루살렘에서 삼십삼 년 동안 다스렸더라."

VALUE

소중한 사람에게 남기고 싶은 말은?

소중한 사람들에게 남기고 싶은 말은 무엇인지 생각해 보고, 편지를 작성해 보세요.

________에게 남기는 소중한 말

ENCOURAGE

이번 주 미션

오늘의 외울 말씀을 메모지에 적어 집 안 곳곳에 붙여 보세요.

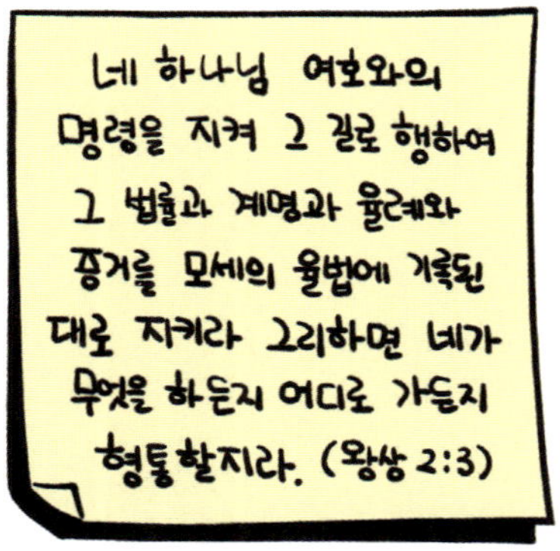

이번 한 주 실천사항

실천하기	성경 읽기	기도하기	말씀 암송	이번 주 미션
확인 도장				

예배 일기

주일 예배의 은혜를 기억하며 나의 예배 일기를 작성해 보세요.

날짜 년 월 일

가장 좋았던 찬양	
말씀 제목	
느낀 점	
기도	

8단원 2과

하나님의 지혜를 구해요

읽을 말씀 열왕기상 3장 1~9절

외울 말씀 지혜가 제일이니 지혜를 얻으라 네가 얻은 모든 것을 가지고 명철을 얻을지니라 (잠언 4장 7절)

원 포인트 하나님의 지혜를 구해요.

WELCOME

내가 받고 싶은 선물은?

요즘 내가 받고 싶은 선물이 있나요? 받고 싶은 선물을 그려 보세요.

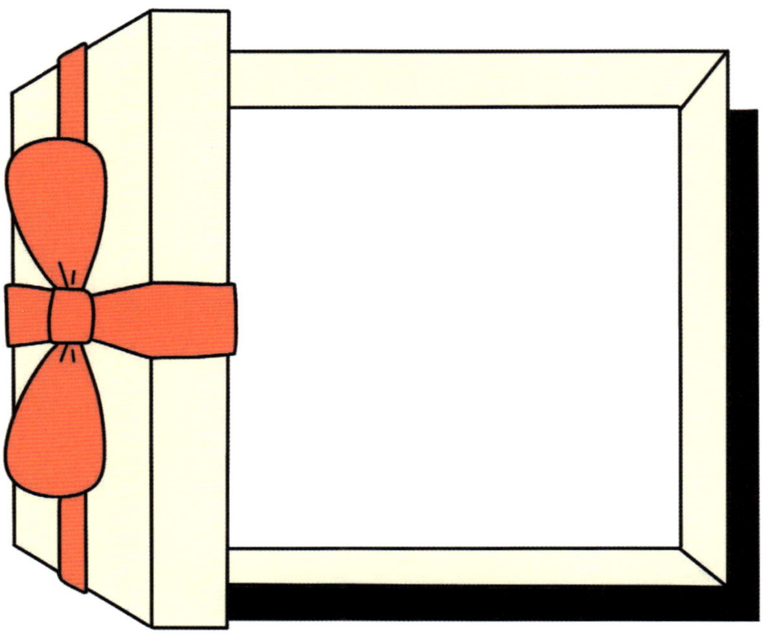

ADVENTURE

본문 말씀을 떠올리며 〈보기〉의 단어를 가지고 빙고 게임과 말씀 빈칸 채우기를 해요.

보 기

사랑 산당 일천 기브온 구하라 작은 아이
삭도 솔로몬 다윗 큰 백성 듣는 마음 선악

1 열왕기상 3장 3절을 찾아 완성해요.
"솔로몬이 여호와를 ◯◯ 하고 그의 아버지 다윗의 법도를 행하였으나 ◯◯ 에서 제사하며 분향하더라."

2 열왕기상 3장 4절을 찾아 완성해요.
"이에 왕이 제사하러 ◯◯◯ 으로 가니 거기는 산당이 큼이라 솔로몬이 그 제단에 ◯◯ 번제를 드렸더니."

3 열왕기상 3장 5절을 찾아 완성해요.
"기브온에서 밤에 여호와께서 솔로몬의 꿈에 나타나시니라 하나님이 이르시되 내가 네게 무엇을 줄꼬 너는 ◯◯◯."

4 열왕기상 3장 7절을 찾아 완성해요.
"나의 하나님 여호와여 주께서 종으로 종의 아버지 다윗을 대신하여 왕이 되게 하셨사오나 종은 ◯◯ ◯◯ 라 출입할 줄을 알지 못하고."

5 열왕기상 3장 9절을 찾아 완성해요.
"누가 주의 이 많은 백성을 재판할 수 있사오리이까 ◯◯ ◯◯ 을 종에게 주사 주의 백성을 재판하여 선악을 분별하게 하옵소서."

VALUE

하나님의 지혜로 하고 싶은 일은?

하나님이 솔로몬에게 주신 것과 같은 지혜를 주신다면, 무엇을 하고 싶은지 적어 보세요.

	내가 하나님의 지혜로 하고 싶은 일	이유
1		
2		
3		
4		
5		

기도문

ENCOURAGE

이번 주 미션

학교, 교회, 가정에서 필요한 지혜를 적고, 하나님께 지혜를 구하는 기도를 해 보세요.

	장소	어떤 지혜가 필요한가요?	하나님께 구했나요? (O/X)
	학교		
	교회		
	가정		

이번 한 주 실천사항

실천하기	성경 읽기	기도하기	말씀 암송	이번 주 미션
확인 도장				

예배 일기

주일 예배의 은혜를 기억하며 나의 예배 일기를 작성해 보세요.

날짜 년 월 일

가장 좋았던 찬양	
말씀 제목	
느낀 점	
기도	

8단원 3과

하나님의 지혜를 의지해요

읽을 말씀 열왕기상 3장 16~28절

외울 말씀 지혜와 권능이 하나님께 있고 계략과 명철도 그에게 속하였나니 (욥기 12장 13절)

원 포인트 하나님의 지혜를 의지해요.

WELCOME

다리가 아플 때

다리가 아플 때, 무엇을 의지하는 것이 좋을까요? 다음 그림 중 한 가지를 선택하고, 선택한 이유를 친구들과 나눠 보세요.

ADVENTURE

열왕기상 3장 16~28절을 읽고, 〈보기〉의 단어에서 답을 찾아 빈칸을 채우고 질문에 답해 보세요.

16절 그 때에 창기 ( ) ( )( )가 왕에게 와서 그 앞에 서며
⋮
18절 내가 ( )( )한 지 사흘 만에 이 여자도 ( )( )하고 우리가 함께 있었고 우리 둘
외에는 집에 다른 사람이 없었나이다
19절 그런데 밤에 저 여자가 그의 아들 위에 누우므로 그의 ( )( )이 죽으니
20절 그가 밤중에 일어나서 이 여종 내가 잠든 사이에 내 아들을 내 곁에서 가져다가 자기의
( )에 누이고 자기의 죽은 아들을 내 품에 뉘었나이다
⋮
22절 다른 여자는 이르되 아니라 ( ) 것은 내 아들이요 ( )( ) 것은 네 아들이라 하고 이 여
자는 이르되 아니라 죽은 것이 네 아들이요 산 것이 내 아들이라 하며 왕 앞에서 그와 같이 ( )
( ) 하는지라
⋮
25절 왕이 이르되 산 아이를 둘로 나누어 ( )은 이 여자에게 주고 반은 저 여자에게 주라
26절 그 산 아들의 어머니 되는 여자가 그 아들을 위하여 ( )( )이 불붙는 것 같아서 왕께
아뢰어 청하건대 내 주여 산 아이를 그에게 주시고 아무쪼록 죽이지 마옵소서 하되 다른 여
자는 말하기를 내 것도 되게 말고 네 것도 되게 말고 나누게 하라 하는지라

보 기

두 여자 반 해산 품 마음 아들 산 죽은 쟁론

1 두 여인의 다툼을 판결한 사람은 누구인가요?

2 솔로몬은 두 여인의 이야기를 듣고 어떤 판결을 내렸나요? (왕상 3:25)

3 솔로몬은 누구의 지혜로 판결하였나요? (왕상 3:28)

VALUE

하나님의 지혜를 의지하기로 결심해요!

솔로몬 왕은 하나님의 지혜를 의지했어요. 우리는 언제 하나님의 지혜를 의지해야 할지 그려 보고, 결심 문장을 완성해 보세요.

나 ____________________은(는) 모든 순간에

____________________이 주시는

하나님의 지혜를 의지하며 살아가요.

ENCOURAGE

이번 주 미션

하나님의 지혜를 의지하는 삶을 살 것을 매일 기억할 수 있도록 욥기 12장 13절 말씀을 가족과 함께 암송하도록 해요.

"지혜와 권능이 하나님께 있고
계략과 명철도 그에게 속하였나니"
(욥기 12장 13절).

이번 한 주 실천사항

실천하기	성경 읽기	기도하기	말씀 암송	이번 주 미션
확인 도장				

예배 일기

주일 예배의 은혜를 기억하며 나의 예배 일기를 작성해 보세요.

날짜 년 월 일

가장 좋았던 찬양	
말씀 제목	
느낀 점	
기도	

8단원 4과

하나님이 우리와 함께하세요

읽을 말씀 열왕기상 6장 1~13절

외울 말씀 나는 너희 중에 행하여 너희의 하나님이 되고 너희는 내 백성이 될 것이니라(레위기 26장 12절)

원 포인트 하나님이 하나님의 백성과 함께하심을 알아요.

WELCOME

나의 가장 친한 친구

여러분의 가장 친한 친구는 누구인가요? 친구의 얼굴을 그린 후, 왜 나와 가장 친한지 이유를 적어 친구들과 나눠 보세요.

나의 가장 친한 친구는?

나와 가장 친한 이유는?

ADVENTURE

본문 말씀을 떠올리며 다음 문제를 풀어 보세요.

1 솔로몬이 여호와를 위하여 ◯◯을 짓기 시작했어요. (왕상 6:1) 답 ________

2 성전의 사이즈는 길이가 60 ◯◯, 너비가 20 ◯◯, 높이가 30 ◯◯ 이었어요. (왕상 6:2) 답 ________

3 성전 건축에 필요한 돌은 채석장에서 다듬은 뒤에 가져왔기 때문에, 성전에서는 도끼나 철 연장으로 작업하는 '■▼♣♠'가 들리지 않았어요. (왕상 6:7) 답 ________

암호	♥	♬	☆	♣	■
자음	ㄱ	ㄴ	ㅁ	ㄹ	ㅅ
암호	▼	◉	♠	◎	V
모음	ㅗ	ㅜ	ㅣ	ㅐ	ㅔ

4 성전은 ◯◯◯ 서까래와 널빤지로 덮었어요. (왕상 6:9) 답 ________

① 돌나무 ② 지성소 ③ 백향목 ④ 나무

5 성전을 건축한 솔로몬에게 여호와의 말씀이 임하였어요. (왕상 6:11) (O/X) 답 ________

6 하나님은 솔로몬에게 율법을 지킬 것을 말씀하셨어요. (왕상 6:12) (O/X) 답 ________

7 하나님은 솔로몬에게 솔로몬의 아버지 아브라함에게 한 약속을 이룰 것이라고 말씀해 주셨어요. (왕상 6:12) (O/X) 답 ________

8 열왕기상 6장 1~9절에서 '성전'이 몇 번 나오는지 세어 보세요. 답 ________ 번

VALUE

우리와 함께하시는 하나님

솔로몬과 함께하셨던 하나님이 우리와 함께하세요. 하나님은 어떻게 우리와 함께하시는지 생각해 보고, 하나님께 감사 편지를 써 보세요.

감사 편지 쓰기

ENCOURAGE

이번 주 미션

우리와 함께하시는 하나님과 더욱 친하게 지내기 위해 '말씀 읽기와 기도하기' 계획을 세우고 실천해 보세요.

	말씀 읽기	기도하기	실천 여부 (O/X)
주일			
월			
화			
수			
목			
금			
토			

이번 한 주 실천사항

실천하기	성경 읽기	기도하기	말씀 암송	이번 주 미션
확인 도장				

예배 일기

주일 예배의 은혜를 기억하며 나의 예배 일기를 작성해 보세요.

날짜 년 월 일

가장 좋았던 찬양	
말씀 제목	
느낀 점	
기도	

9단원

DREAM WAVE UNIT 9

- 1과 하나님의 은혜에 감사해요
- 2과 오직 하나님만 사랑해요
- 3과 마음을 하나님께로 향해요
- 4과 정직한 마음을 가져요

9단원 1과

하나님의 은혜에 감사해요

읽을 말씀 열왕기상 8장 54~66절

외울 말씀 주를 두려워하는 자를 위하여 쌓아 두신 은혜 곧 주께 피하는 자를 위하여 인생 앞에 베푸신 은혜가 어찌 그리 큰지요(시편 31편 19절)

원 포인트 하나님이 주신 은혜에 감사해요.

WELCOME

하나님이 주신 은혜는 무엇인가요?

평소에는 알지 못했지만, 나중에서야 하나님이 주신 은혜라는 것을 깨닫게 된 경험이 있나요? 그 경험을 친구들과 나눠 보세요.

ADVENTURE

본문 말씀을 기억하며 질문에 해당하는 정답을 가로, 세로, 대각선에서 찾아보세요.

회	덮	밥	버	거	리	두	기
오	중	화	요	리	스	계	명
리	달	걀	합	본	리	히	령
단	새	율	법	률	랑	영	딩
세	합	기	도	주	카	위	크
이	어	폰	전	기	린	험	악
레	성	막	설	도	히	찬	양
이	전	화	기	문	얄	어	송

1 열왕기상 8장 55절을 찾아 완성해요.
"서서 큰 소리로 이스라엘의 온 ◯◯을 위하여 축복하며 이르되."

2 열왕기상 8장 56절을 찾아 완성해요.
"여호와를 ◯◯할지로다 그가 말씀하신 대로 그의 백성 이스라엘에게 태평을 주셨으니 그 종 모세를 통하여 무릇 말씀하신 그 모든 좋은 약속이 하나도 이루어지지 아니함이 없도다."

3 열왕기상 8장 58절을 찾아 완성해요.
"우리의 마음을 주께로 향하여 그의 모든 길로 행하게 하시오며 우리 조상들에게 명령하신 ◯◯과 법도와 율례를 지키게 하시기를 원하오며."

4 열왕기상 8장 61절을 찾아 완성해요.
"그런즉 너희의 마음을 우리 하나님 여호와께 온전히 바쳐 완전하게 하여 오늘과 같이 그의 ◯◯를 행하며 그의 계명을 지킬지어다."

5 열왕기상 8장 64절을 찾아 완성해요.
"그 날에 왕이 여호와의 ◯◯앞뜰 가운데를 거룩히 구별하고 거기서 번제와 소제와 감사제물의 기름을 드렸으니 이는 여호와의 앞 놋제단이 작으므로 번제물과 소제물과 화목제의 기름을 다 용납할 수 없음이라."

하나님이 주신 은혜에 감사해요!

우리가 하나님께 감사해야 하는 이유는 무엇일까요? 하나님이 은혜를 주셨기 때문이에요. 하나님이 주신 은혜를 기억하며 감사 제목을 적어 보세요.

ENCOUNTER

이번 주 미션

하나님이 주신 은혜를 기억하고 감사하기 위해 학교, 교회, 가정에서 감사한 것을 한 가지씩 적어 보세요.

장소	감사한 내용	감사기도(O/X)
학교		
교회		
가정		

이번 한 주 실천사항

실천하기	성경 읽기	기도하기	말씀 암송	이번 주 미션
확인 도장				

예배 일기

주일 예배의 은혜를 기억하며 나의 예배 일기를 작성해 보세요.

날짜 년 월 일

가장 좋았던 찬양	
말씀 제목	
느낀 점	
기도	

9단원 2과

오직 하나님만 사랑해요

읽을 말씀 열왕기상 11장 1~13절

외울 말씀 사람아 주께서 선한 것이 무엇임을 네게 보이셨나니 여호와께서 네게 구하시는 것은 오직 정의를 행하며 인자를 사랑하며 겸손하게 네 하나님과 함께 행하는 것이 아니냐(미가 6장 8절)

원 포인트 오직 하나님만 사랑해요.

WELCOME

영원한 사랑

공원에서 알록달록한 자물쇠가 많이 달린 광경을 본 적 있나요? 이 자물쇠에는 어떤 의미가 있을까요?

1. 누가 자물쇠를 달았을까요?

2. 자물쇠에는 어떤 의미가 있을까요?

ADVENTURE

본문 말씀을 떠올리며 〈보기〉의 단어를 가지고 빙고 게임과 말씀 빈칸 채우기를 해요.

보 기

두 번 여호와 언약 솔로몬 통혼 온전 딸

법도 다윗의 마음 진노 여인 사랑 하나님 신하

1 열왕기상 11장 1절을 찾아 완성해요.
"○○○ 왕이 바로의 ○ 외에 이방의 많은 ○○을 ○○하였으니 곧 모압과 암몬과 에돔과 시돈과 헷 여인이라."

2 열왕기상 11장 2절을 찾아 완성해요.
"○○○께서 일찍이 이 여러 백성에 대하여 이스라엘 자손에게 말씀하시기를 너희는 그들과 서로 ○○하지 말며 그들도 너희와 서로 통혼하게 하지 말라 그들이 반드시 너희의 마음을 돌려 그들의 신들을 따르게 하리라 하셨으나 솔로몬이 그들을 사랑하였더라."

3 열왕기상 11장 4절을 찾아 완성해요.
"솔로몬의 나이가 많을 때에 그의 여인들이 그의 마음을 돌려 다른 신들을 따르게 하였으므로 왕의 마음이 그의 아버지 ○○○ ○○과 같지 아니하여 그의 하나님 여호와 앞에 ○○하지 못하였으니."

4 열왕기상 11장 9절을 찾아 완성해요.
"솔로몬이 마음을 돌려 이스라엘의 ○○○ 여호와를 떠나므로 여호와께서 그에게 ○○하시니라 여호와께서 일찍이 ○ ○이나 그에게 나타나시고."

5 열왕기상 11장 11절을 찾아 완성해요.
"여호와께서 솔로몬에게 말씀하시되 네게 이러한 일이 있었고 또 네가 내 ○○과 내가 네게 명령한 ○○를 지키지 아니하였으니 내가 반드시 이 나라를 네게서 빼앗아 네 ○○에게 주리라."

VALUE

하나님만 사랑해요

솔로몬은 하나님보다 우상을 더 사랑했어요. 나에게도 하나님보다 더 사랑하는 것이 있는지 생각해 보고, 하나님만을 사랑하기로 다짐하며 기도문을 적어 보세요.

기도문

ENCOURAGE

이번 주 미션

학교, 교회, 가정에서 하나님과 멀어지게 한 나의 잘못을 적고, 하나님께 용서를 구하는 기도 제목을 적어 보세요.

하나님과 멀어지게 한 나의 죄는 무엇인가요?

기도 제목:

이번 한 주 실천사항

실천하기	성경 읽기	기도하기	말씀 암송	이번 주 미션
확인 도장				

예배 일기

주일 예배의 은혜를 기억하며 나의 예배 일기를 작성해 보세요.

날짜 년 월 일

가장 좋았던 찬양	
말씀 제목	
느낀 점	
기도	

9단원 3과

마음을 하나님께로 향해요

읽을 말씀 열왕기상 12장 25~33절

외울 말씀 모든 지킬 만한 것 중에 더욱 네 마음을 지키라 생명의 근원이 이에서 남이니라(잠언 4장 23절)

원 포인트 우리의 마음을 하나님께로 향해요.

WELCOME

'손가락 접어' 게임

해당 사항이 있는 경우 손가락을 접는 게임을 해 보세요.

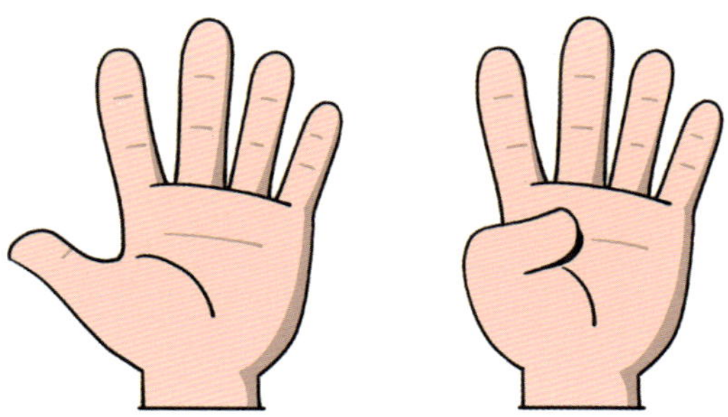

손가락 접어 게임을 할 때
어떤 마음으로 문장을 말했나요?

활동 방법

① 가위바위보로 순서를 정해요.
② 모든 참가자는 다섯 손가락을 편 상태로 한 손을 들어요.
③ 순서대로 돌아가며 문장을 말해요. 예) "머리 염색한 사람 접어."
④ 그 문장에 해당되는 사람은 손가락을 하나 접어요.
⑤ 손가락을 모두 접은 사람이 지고, 손가락을 가장 많이 펴고 있는 사람이 이겨요.

ADVENTURE

열왕기상 12장 25~33절을 읽고, 〈보기〉의 단어에서 답을 찾아 빈칸을 채우고 질문에 답해 보세요.

25절 여로보암이 ○○○○ 산지에 세겜을 건축하고 거기서 살며 또 거기서 나가서
부느엘을 건축하고
26절 그의 마음에 스스로 이르기를 나라가 이제 ○○○ ○으로 돌아가리로다
27절 만일 이 백성이 예루살렘에 있는 여호와의 성전에 제사를 드리고자 하여 올라가면 이 백성
의 마음이 유다 왕 된 그들의 주 ○○○○에게로 돌아가서 나를 죽이고 유다
의 왕 ○○○○에게로 돌아가리로다 하고
28절 이에 계획하고 두 ○○○○를 만들고 무리에게 말하기를 너희가 다시는 예루
살렘에 올라갈 것이 없도다 이스라엘아 이는 너희를 애굽 땅에서 인도하여 올린 너희의 신
들이라 하고
29절 하나는 ○○에 두고 하나는 단에 둔지라
30절 이 일이 죄가 되었으니 이는 백성들이 단까지 가서 그 하나에게 경배함이더라
31절 그가 또 ○○들을 짓고 레위 자손 아닌 보통 백성으로 제사장을 삼고
32절 여덟째 달 곧 그 달 열다섯째 날로 절기를 정하여 유다의 절기와 비슷하게 하고 제단에 올
라가되 벧엘에서 그와 같이 행하여 그가 만든 송아지에게 제사를 드렸으며 그가 지은 산당
의 ○○○을 벧엘에서 세웠더라
33절 그가 자기 마음대로 정한 달 곧 여덟째 달 열다섯째 날로 이스라엘 자손을 위하여 절기로
정하고 벧엘에 쌓은 제단에 올라가서 ○○하였더라

보 기 금송아지 르호보암 분향 제사장 여호와 다윗의 집 벧엘 산당 에브라임

1 여로보암이 어떤 산지에서 세겜을 건축하고 살았나요? (왕상 12:25)

2 여로보암은 백성이 제사를 드리러 예루살렘으로 가지 못하도록 하려고 무엇을 만들었나요? (왕상 12:28)

3 금송아지에게 제사하고 분향한 것은 누구의 결정인가요? (왕상 12:32~33)

VALUE

하나님께 내 마음을 드려요!

하나님께 마음을 집중하기 위해 학교, 교회, 가정에서 내가 해야 할 일을 적고 함께 나눠 보세요.

학교

교회

가정

ENCOURAGE

이번 주 미션

하나님께만 마음을 두고 살기를 다짐하며, 나의 마음을 담아 편지를 작성해 보세요.

마음의 편지

To. 하나님께

오직 하나님께만 마음을 두며 살기를 다짐하는 올림

이번 한 주 실천사항

실천하기	성경 읽기	기도하기	말씀 암송	이번 주 미션
확인 도장				

예배 일기

주일 예배의 은혜를 기억하며 나의 예배 일기를 작성해 보세요.

날짜 년 월 일

가장 좋았던 찬양

말씀 제목

느낀 점

기도

9단원 4과

정직한 마음을 가져요

읽을 말씀 열왕기상 15장 9~15절

외울 말씀 하나님이여 내 속에 정한 마음을 창조하시고 내 안에 정직한 영을 새롭게 하소서(시편 51편 10절)

원 포인트 하나님 앞에서 정직해야 해요.

WELCOME

정직할 수 있을까요?

실수로 미술 전시회에 참여할 다른 친구의 작품을 망가뜨렸고, 주변에는 나 외에 아무도 없어요. 어떻게 해야 할까요? 친구들과 나눠 보세요.

ADVENTURE

본문 말씀을 떠올리며 다음 문제를 풀어 보세요.

1 이스라엘의 여로보암 왕 제이십년에 누가 유다의 왕이 되었나요? (왕상 15:9)

답 ____________

2 "예루살렘에서 ◯◯◯ 년 동안 다스리니라"(왕상 15:10a).

답 ____________

3 "그의 어머니의 이름은 마아가라 '♣■☆♠◆■♬♬◉♥'의 딸이더라"(왕상 15:10b).

답 ____________

암호	♬	♥	☆	◈	♣
자음	ㄹ	ㅁ	ㅂ	ㅅ	ㅇ
암호	■	◉	♠	◎	∨
모음	ㅏ	ㅗ	ㅣ	ㅐ	ㅔ

4 아사는 여호와 보시기에 누구처럼 정직한가요? (왕상 15:11)

답 ____________

① 압살롬 ② 다윗 ③ 솔로몬 ④ 삼손

5 아사가 쫓아낸 사람은 어떤 사람인가요? (왕상 15:12)

답 ____________

6 아사는 왜 자신의 어머니(할머니) 마아가의 태후의 위를 폐했나요? (왕상 15:13)

*구약성경이 쓰인 히브리어에는 어머니와 할머니 구분이 없음

답 ____________

7 아사는 우상을 없앴지만 ◯◯ 은 없애지 않았어요. 이것은 무엇일까요? (왕상 15:14)

답 ____________

8 열왕기상 15장 9~15절에서 '여호와'가 몇 번 나오는지 세어 보세요.

답 ____________ 번

VALUE

하나님을 생각하고 있나요?

오늘 예배 시간에 집중이 잘되었나요? 그렇지 않았다면 어떤 생각이 내 마음을 사로잡았는지 그리고 가정과 학교에서 나의 마음을 사로잡는 것은 무엇인지 적어 보세요.

1. 예배 시간에 집중이 잘되지 않았다면, 어떤 생각이 내 마음을 사로잡았나요?

2. 가정과 학교에서 나의 마음을 사로잡는 것은 무엇인가요?

ENCOURAGE

이번 주 미션

하나님 앞에서 정직한 삶을 살기 위해 어떤 행동을 할지 적고, 한 주간 실천해 보세요.

장소	정직한 삶을 위한 행동
학교	예 선생님이나 친구에게 거짓말하지 않기
교회	예 예배와 공과 활동 시간에 다른 것에 마음을 두지 않기
가정	예 부모님과 한 약속 잘 지키기

이번 한 주 실천사항

실천하기	성경 읽기	기도하기	말씀 암송	이번 주 미션
확인 도장				

예배 일기

주일 예배의 은혜를 기억하며 나의 예배 일기를 작성해 보세요.

날짜 　　　년 　　월 　　일

가장 좋았던 찬양	
말씀 제목	
느낀 점	
기도	

10단원

DREAM WAVE UNIT 10

1과 고난은 하나님을 알게 해요

2과 여호와만 참 하나님이세요

3과 하나님은 모든 죄를 아세요

4과 하나님은 능력을 주세요

5과 하나님은 생명을 다스리세요

10단원 1과

고난은 하나님을 알게 해요

읽을 말씀 열왕기상 17장 17~24절

외울 말씀 고난 당한 것이 내게 유익이라 이로 말미암아 내가 주의 율례들을 배우게 되었나이다(시편 119편 71절)

원 포인트 고난을 통해 하나님을 알게 돼요.

WELCOME

어떤 상황에서 하나님을 더욱 찾나요?

어떤 상황에서 하나님을 더욱 찾는지 생각해 보고, 친구들과 나눠 보세요.

1. 즐겁고 기쁜 일이 있을 때

2. 슬프고 힘든 일이 있을 때

ADVENTURE

본문 말씀을 기억하며 질문에 해당하는 정답을 가로, 세로, 대각선에서 찾아보세요.

취	학	고	학	년	화	이	팅
주	키	즈	침	여	가	호	수
증	세	고	상	호	정	아	이
메	타	버	스	수	을	들	멘
가	꿈	여	무	아	여	름	에
끔	토	리	호	대	는	꿈	미
엘	리	야	국	와	의	캠	프
성	경	답	은	복	음	이	다

1 열왕기상 17장 17절을 찾아 완성해요.
"이 일 후에 그 집 주인 되는 여인의 아들이 병들어 ◯◯가 심히 위중하다가 숨이 끊어진지라."

2 열왕기상 17장 18절을 찾아 완성해요.
"여인이 엘리야에게 이르되 하나님의 사람이여 당신이 나와 더불어 무슨 상관이 있기로 내 죄를 생각나게 하고 또 내 ◯◯을 죽게 하려고 내게 오셨나이까."

3 열왕기상 17장 19절을 찾아 완성해요.
"엘리야가 그에게 그의 아들을 달라 하여 그를 그 여인의 품에서 받아 안고 자기가 거처하는 다락에 올라가서 자기 ◯◯에 누이고."

4 열왕기상 17장 21절을 찾아 완성해요.
"그 ◯◯ 위에 몸을 세 번 펴서 엎드리고 여호와께 부르짖어 이르되 내 하나님 여호와여 원하건대 이 아이의 혼으로 그의 몸에 돌아오게 하옵소서 하니."

5 열왕기상 17장 24절을 찾아 완성해요.
"여인이 ◯◯◯에게 이르되 내가 이제야 당신은 하나님의 사람이시요 당신의 입에 있는 여호와의 말씀이 진실한 줄 아노라 하니라."

VALUE

고난 중에도 하나님을 바라봐요

어려운 상황에도 하나님은 우리의 어떤 모습을 원하실지 생각해 보고, 적어 보세요.

어려운 상황	하나님은 어떠한 모습을 원하실까요?
가정에서 힘든 일이 있을 때	
몸이 아플 때	
공부가 어려워 힘이 들 때	
예배에 집중이 안 될 때	
친구와 사이가 멀어졌을 때	

ENCOURAGE

이번 주 미션

Value 활동에서 나눈 내용 중 하나를 적고, 이번 주에 실천해 보세요.

내가 겪고 있는 어려운 상황은 무엇인가요?

예 친구와의 관계가 멀어졌을 때

하나님은 나에게 어떠한 모습을 원하실까요?

예 하나님과 나의 관계를 먼저 생각해 본다. 그리고 친구에게 잘못한 것이 무엇인지 생각해 보고 친구와의 관계가 회복되기를 하나님께 기도하며 친구에게 화해를 요청한다.

이번 한 주 실천사항

실천하기	성경 읽기	기도하기	말씀 암송	이번 주 미션
확인 도장				

예배 일기

주일 예배의 은혜를 기억하며 나의 예배 일기를 작성해 보세요.

날짜 년 월 일

가장 좋았던 찬양	
말씀 제목	
느낀 점	
기도	

10단원 2과

여호와만 참 하나님이세요

읽을 말씀 열왕기상 18장 30~40절

외울 말씀 여호와가 우리 하나님이신 줄 너희는 알지어다 그는 우리를 지으신 이요 우리는 그의 것이니 그의 백성이요 그의 기르시는 양이로다(시편 100편 3절)

원 포인트 여호와만 참 하나님이세요.

WELCOME

가짜가 생기는 이유는 무엇일까요?

1. 진짜인 줄 알았는데 알고 보니 가짜인 걸 알게 된 경험이 있나요?
   예) 강아지 인형과 진짜 강아지 등

2. 세상에 가짜가 있는 이유는 무엇일까요?

3. 우리가 고백해야 할 유일한 신, 참 신은 누구일까요?

ADVENTURE

본문 말씀을 떠올리며 <보기>의 단어를 가지고 빙고 게임과 말씀 빈칸 채우기를 해요.

보 기

지파 백성 번제물 수효 도랑 제단
송아지 엘리야 물 하나님 나무 이스라엘

1 열왕기상 18장 30절을 찾아 완성해요.
"○○○가 모든 백성을 향하여 이르되 내게로 가까이 오라 백성이 다 그에게 가까이 가매 그가 무너진 여호와의 ○○을 수축하되."

2 열왕기상 18장 31절을 찾아 완성해요.
"야곱의 아들들의 ○○의 ○○를 따라 엘리야가 돌 열두 개를 취하니 이 야곱은 옛적에 여호와의 말씀이 임하여 이르시기를 네 이름을 ○○○○이라 하리라 하신 자더라."

3 열왕기상 18장 33절을 찾아 완성해요.
"또 나무를 벌이고 ○○○의 각을 떠서 ○○ 위에 놓고 이르되 통 넷에 물을 채워다가 ○○○과 나무 위에 부으라 하고."

4 열왕기상 18장 35절을 찾아 완성해요.
"○이 제단으로 두루 흐르고 ○○에도 물이 가득 찼더라."

5 열왕기상 18장 39절을 찾아 완성해요.
"모든 ○○이 보고 엎드려 말하되 여호와 그는 ○○○이시로다 여호와 그는 하나님이시로다 하니."

VALUE

하나님이 참 하나님이심을 고백해요

하나님이 참 하나님이심을 고백하지 못하도록 하는 것은 무엇인지 적어 보세요.

참 하나님을 고백하지 못하도록 방해하는 것 :

ENCOURAGE

이번 주 미션

한 주간 시편 100편 3절 말씀을 읽으며, 어떤 상황에도 두려워하지 않고 하나님이 참 하나님이심을 고백하는 삶을 실천해 보세요.

"여호와가 우리 하나님이신 줄 너희는 알지어다 그는 우리를 지으신 이요 우리는 그의 것이니 그의 백성이요 그의 기르시는 양이로다"(시편 100편 3절).

이번 한 주 실천사항

실천하기	성경 읽기	기도하기	말씀 암송	이번 주 미션
확인 도장				

예배 일기

주일 예배의 은혜를 기억하며 나의 예배 일기를 작성해 보세요.

날짜 년 월 일

가장 좋았던 찬양	
말씀 제목	
느낀 점	
기도	

10단원 3과

하나님은 모든 죄를 아세요

읽을 말씀 열왕기상 21장 17~29절

외울 말씀 자기의 죄를 숨기는 자는 형통하지 못하나 죄를 자복하고 버리는 자는 불쌍히 여김을 받으리라(잠언 28장 13절)

원 포인트 하나님은 나의 모든 죄를 아시는 분이세요.

WELCOME

아무도 모르겠지?

나의 잘못을 덮고자 거짓말을 한 적이 있나요?

ADVENTURE

열왕기상 21장 17~29절을 읽고, 〈보기〉의 단어에서 답을 찾아 빈칸을 채우고 질문에 답해 보세요.

17절 여호와의 말씀이 디셉 사람 엘리야에게 임하여 이르시되

18절 너는 일어나 내려가서 사마리아에 있는 이스라엘의 아합 왕을 만나라 그가 나봇의 포도원을 차지하러 그리로 내려갔나니

⋮

24절 ○○에게 속한 자로서 성읍에서 죽은 자는 개들이 먹고 들에서 죽은 자는 공중의 새가 먹으리라고 하셨느니라 하니

25절 예로부터 아합과 같이 그 자신을 팔아 ○○○ 앞에서 악을 행한 자가 없음은 그를 그의 아내 ○○○이 충동하였음이라

26절 그가 여호와께서 이스라엘 자손 앞에서 쫓아내신 ○○○ 사람의 모든 행함 같이 ○○에게 복종하여 심히 가증하게 행하였더라

27절 아합이 이 모든 말씀을 들을 때에 그의 옷을 찢고 굵은 베로 몸을 동이고 ○○하고 굵은 베에 누우며 또 풀이 죽어 다니더라

28절 여호와의 말씀이 디셉 사람 ○○○에게 임하여 이르시되

29절 아합이 내 앞에서 겸비함을 네가 보느냐 그가 내 앞에서 겸비하므로 내가 ○○을 저의 시대에는 내리지 아니하고 그 아들의 시대에야 그의 집에 ○○을 내리리라 하셨더라

보 기

아모리 재앙 아합 금식 이세벨 엘리야 우상 여호와

1 하나님은 엘리야에게 사마리아에 있는 누구를 만나라고 하셨나요? (왕상 21:18)

2 아합이 죄를 짓도록 부추긴 사람은 누구인가요? (왕상 21:25)

3 하나님은 아합의 겸비함을 보시고 어느 시대에 재앙을 내린다고 하셨나요? (왕상 21:29)

VALUE

솔직하게 고백해요

다음의 상황에서 결정을 내리게 되었을 때, 어떠한 결과가 있을지 적어 보세요.

1. 부모님 또는 학교, 교회 선생님께 잘못한 일이 있을 때

1) 솔직하게 말씀드리면 어떻게 될까요?

2) 솔직하게 말씀드리지 않으면 어떻게 될까요?

2. 하나님께 죄를 지었을 때

1) 죄를 짓지 않은 척 넘어간다면 어떻게 될까요?

2) 하나님께 죄를 고백한다면 어떻게 될까요?

ENCOURAGE

이번 주 미션

한 주간 학교나 가정에서 잘못한 것을 솔직하게 적고, 하나님께 용서를 구하는 기도를 해 보세요.

요일	내가 잘못한 일
주일	
월	
화	
수	
목	
금	
토	

하나님께 잘못을 용서해 달라고 기도하며 하루를 마무리해요.

이번 한 주 실천사항

실천하기	성경 읽기	기도하기	말씀 암송	이번 주 미션
확인 도장				

예배 일기

주일 예배의 은혜를 기억하며 나의 예배 일기를 작성해 보세요.

날짜 년 월 일

가장 좋았던 찬양	
말씀 제목	
느낀 점	
기도	

10단원 4과

하나님은 능력을 주세요

읽을 말씀 열왕기하 2장 1~18절

외울 말씀 내게 능력 주시는 자 안에서 내가 모든 것을 할 수 있느니라(빌립보서 4장 13절)

원 포인트 하나님은 능력을 주시는 분이세요.

WELCOME

누구의 능력을 의지하나요?

나는 평소에 누구의 능력을 의지하나요?

부모님

선생님

나의능력

ADVENTURE

본문 말씀을 떠올리며 다음 문제를 풀어 보세요.

1 엘리야와 엘리사는 어디로 갔나요? (왕하 2:1) 답 ______

2 엘리야가 무엇을 가지고 말아 물을 쳤나요? (왕하 2:8) 답 ______

3 엘리야와 엘리사를 갈라놓은 것은 불수레와 불말들이다. (왕하 2:11) (O/X)
답 ______

4 엘리야는 '■◉♠♣◉♥♠☆▼♥▼♬'으로 하늘에 올라갔어요. (왕하 2:11)
답 ______

암호	♥	♬	☆	■	♣
자음	ㄹ	ㅁ	ㅂ	ㅎ	ㅇ
암호	▼	◉	♠	◎	∨
모음	ㅏ	ㅗ	ㅣ	ㅐ	ㅔ

5 엘리야가 하늘로 오르자 엘리사가 엘리야를 뭐라고 불렀나요? (왕하 2:12)
① 아저씨 ② 주인님 ③ 아버지 ④ 대머리 답 ______

6 엘리사가 엘리야의 몸에서 떨어진 겉옷을 가지고 물을 치자 갈라졌다. (왕하 2:14) (O/X)
답 ______

7 엘리야를 찾기 위해 보내진 사람은 오백 명이다. (왕하 2:16) (O/X) 답 ______

8 열왕기하 2장 1~4절에서 '여호와'가 몇 번 나오는지 세어 보세요. 답 ______ 번

능력을 의지해요

눈을 가린 상태에서 친구의 설명을 듣고 미로를 탈출해 보세요.

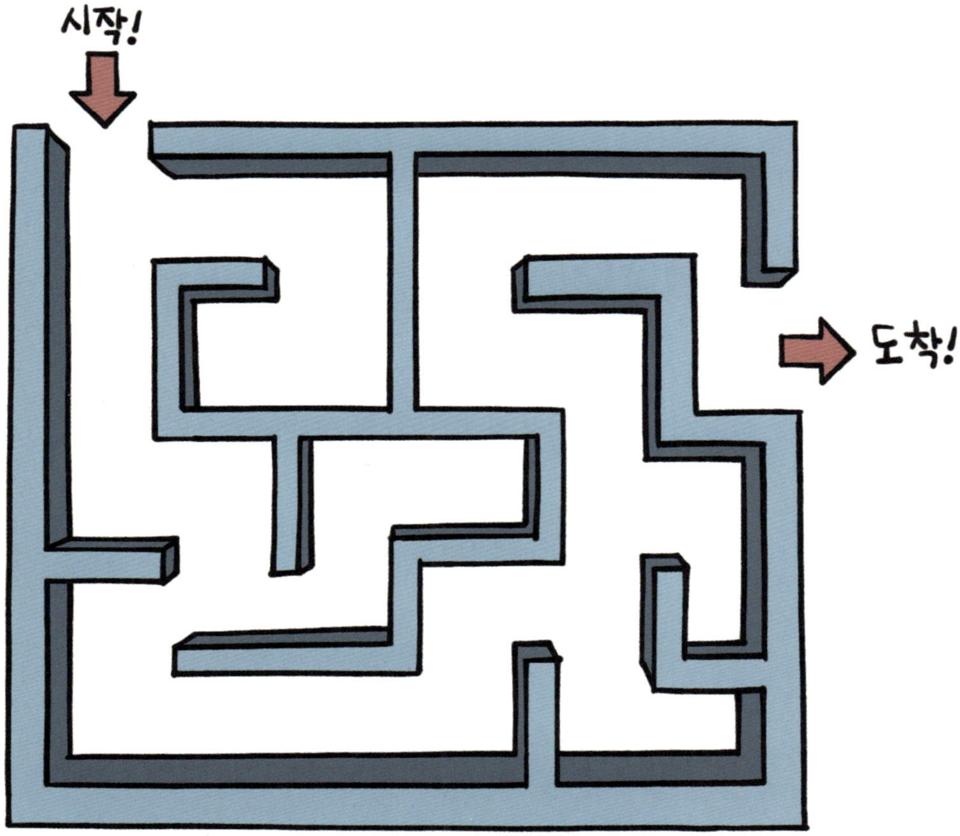

ENCOURAGE

이번 주 미션

한 주간 빌립보서 4장 13절을 쓰고 요송을 통해 말씀을 암송해 보세요.

요일	내게 능력 주시는 자 안에서 내가 모든 것을 할 수 있느니라(빌 4:13).
주일	
월	
화	
수	
목	
금	
토	

이번 한 주 실천사항

실천하기	성경 읽기	기도하기	말씀 암송	이번 주 미션
확인 도장				

예배 일기

주일 예배의 은혜를 기억하며 나의 예배 일기를 작성해 보세요.

날짜 년 월 일

가장 좋았던 찬양	
말씀 제목	
느낀 점	
기도	

10단원 5과

하나님은 생명을 다스리세요

읽을 말씀 열왕기하 4장 29~37절

외울 말씀 진실로 생명의 원천이 주께 있사오니 주의 빛 안에서 우리가 빛을 보리이다 (시편 36편 9절)

원 포인트 하나님은 생명을 다스리시는 분이세요.

WELCOME

기도를 포기한 적이 있나요?

아무리 기도해도 이루어질 것 같지 않아 기도를 포기한 경험이 있나요?

1. 기도를 하다가 포기한 것은 무엇인가요?

예) 갖고 싶은 물건, 먹고 싶은 것, 아플 때, 학업, 부모님 또는 친구와의 관계 등

2. 기도를 포기하게 된 이유가 무엇인가요?

ADVENTURE

본문 말씀을 떠올리며 〈보기〉의 단어를 가지고 빙고 게임과 말씀 빈칸 채우기를 해요.

보 기

얼굴 집 영혼 아이 엘리사 어머니
문 소리 여호와 지팡이 맹세 게하시

1 열왕기하 4장 29절을 찾아 완성해요.
"엘리사가 ○○○에게 이르되 네 허리를 묶고 내 ○○○를 손에 들고 가라 사람을 만나거든 인사하지 말며 사람이 네게 인사할지라도 대답하지 말고 내 지팡이를 그 아이 ○○에 놓으라 하는지라."

2 열왕기하 4장 30절을 찾아 완성해요.
"아이의 ○○○가 이르되 여호와께서 살아 계심과 당신의 ○○이 살아 계심을 두고 ○○하노니 내가 당신을 떠나지 아니하리이다 엘리사가 이에 일어나 여인을 따라가니라."

3 열왕기하 4장 31절을 찾아 완성해요.
"게하시가 그들보다 앞서 가서 지팡이를 그 아이의 얼굴에 놓았으나 ○○도 없고 듣지도 아니하는지라 돌아와서 ○○○를 맞아 그에게 말하여 아이가 깨지 아니하였나이다 하니라."

4 열왕기하 4장 33절을 찾아 완성해요.
"들어가서는 ○을 닫으니 두 사람 뿐이라 엘리사가 ○○○께 기도하고."

5 열왕기하 4장 35절을 찾아 완성해요.
"엘리사가 내려서 ○ 안에서 한 번 이리 저리 다니고 다시 ○○ 위에 올라 엎드리니 아이가 일곱 번 재채기 하고 눈을 뜨는지라."

VALUE

생명의 주인 되시는 하나님

아래의 그림을 보고 성경 이야기의 순서와 성경 구절을 적어 보세요.

그림에 해당하는 구절은 몇 절인가요?

열왕기하 ______ 장 ______ 절

그림에 해당하는 구절은 몇 절인가요?

열왕기하 ______ 장 ______ 절

그림에 해당하는 구절은 몇 절인가요?

열왕기하 ______ 장 ______ 절

그림에 해당하는 구절은 몇 절인가요?

열왕기하 ______ 장 ______ 절

엘리사가 간절히 기도하자 어떤 기적이 일어났는지 나눠 보세요.

ENCOURAGE

이번 주 미션

생명을 다스리시는 하나님께 믿음으로 기도해 보세요.

기도 다짐문

"엘리사가 포기하지 않고 간절히 기도했던 것처럼,
나 ________________는(은) 생명을 다스리시는
하나님을 믿으며 간절히 기도하기를 다짐합니다.
또한 이번 주의 기도 제목을 두고 간절히 기도하겠습니다."

(서명)

이번 한 주 실천사항

실천하기	성경 읽기	기도하기	말씀 암송	이번 주 미션
확인 도장				

예배 일기

주일 예배의 은혜를 기억하며 나의 예배 일기를 작성해 보세요.

날짜　　　　년　　월　　일

가장 좋았던 찬양	
말씀 제목	
느낀 점	
기도	

11단원

DREAM WAVE UNIT 11

1과 하나님이 깨끗하게 하셨어요

2과 하나님의 말씀은 성취돼요

3과 하나님께 돌아가요

4과 하나님은 우리를 지키세요

11단원 1과

하나님이 깨끗하게 하셨어요

읽을 말씀 열왕기하 5장 1~14절

외울 말씀 율법을 따라 거의 모든 물건이 피로써 정결하게 되나니 피흘림이 없은즉 사함이 없느니라(히브리서 9장 22절)

원 포인트 하나님은 우리를 깨끗하게 하시는 분이세요.

WELCOME

치료해 주시는 하나님

아플 때 하나님께 기도해 본 적이 있나요? 그 경험을 친구들과 나눠 보세요.

ADVENTURE

본문 말씀을 기억하며 질문에 해당하는 답을 가로, 세로, 대각선에서 찾아보세요.

잊	지	와	장	여	가	혼	난
그	아	사	엘	리	사	악	착
다	하	제	리	니	마	천	한
삼	나	병	환	자	리	로	하
이	아	자	곁	나	아	람	왕
삭	만	기	요	기	도	정	님
으	들	억	한	단	여	나	자
도	여	종	사	무	강	함	녀

1 열왕기하 5장 1절을 찾아 완성해요.
"◯◯ ◯의 군대 장관 나아만은 그의 주인 앞에서 크고 존귀한 자니 이는 여호와께서 전에 그에게 아람을 구원하게 하셨음이라 그는 큰 용사이나 ◯◯◯◯더라."

2 열왕기하 5장 3절을 찾아 완성해요.
"그의 여주인에게 이르되 우리 주인이 ◯◯◯◯에 계신 선지자 앞에 계셨으면 좋겠나이다 그가 그 나병을 고치리이다 하는지라."

3 열왕기하 5장 5절을 찾아 완성해요.
"아람 왕이 이르되 갈지어다 이제 내가 이스라엘 왕에게 글을 보내리라 하더라 ◯◯◯이 곧 떠날새 은 십 달란트와 금 육천 개와 의복 열 벌을 가지고 가서."

4 열왕기하 5장 8절을 찾아 완성해요.
"하나님의 사람 ◯◯◯가 이스라엘 왕이 자기의 옷을 찢었다 함을 듣고 왕에게 보내 이르되 왕이 어찌하여 옷을 찢었나이까 그 사람을 내게로 오게 하소서 그가 이스라엘 중에 선지자가 있는 줄을 알리이다 하니라."

5 열왕기하 5장 14절을 찾아 완성해요.
"나아만이 이에 내려가서 하나님의 사람의 말대로 ◯◯ ◯에 일곱 번 몸을 잠그니 그의 살이 어린아이의 살 같이 회복되어 깨끗하게 되었더라."

VALUE

언제나 하나님께 순종해요

나아만 장군은 믿어지지 않는 하나님의 말씀에 순종해서 치료를 받았어요. 아래의 성경 구절을 보면서 내가 학교, 교회, 가정에서 하나님께 어떻게 순종할 수 있을지 계획을 세워 보세요.

1. 학교에서

“비판을 받지 아니하려거든 비판하지 말라”(마태복음 7장 1절).

2. 교회에서

“하나님은 영이시니 예배하는 자가 영과 진리로 예배할지니라”(요한복음 4장 24절).

3. 가정에서

“네 부모를 공경하라 그리하면 네 하나님 여호와가 네게 준 땅에서 네 생명이 길리라”(출애굽기 20장 12절).

ENCOURAGE

이번 주 미션

Value에서 적은 순종 계획을 한 주간 실천해 보세요.

요일	장소	실천 내용
월	학교	
화		
수	교회	
목		
금	가정	
토		

이번 한 주 실천사항

실천하기	성경 읽기	기도하기	말씀 암송	이번 주 미션
확인 도장				

예배 일기

주일 예배의 은혜를 기억하며 나의 예배 일기를 작성해 보세요.

날짜　　　년　　월　　일

가장 좋았던 찬양	
말씀 제목	
느낀 점	
기도	

11단원 2과

하나님의 말씀은 성취돼요

읽을 말씀 열왕기하 7장 9~20절

외울 말씀 말씀을 멸시하는 자는 자기에게 패망을 이루고 계명을 두려워하는 자는 상을 받느니라(잠언 13장 13절)

원 포인트 하나님의 말씀은 반드시 성취돼요.

WELCOME

말하는 대로

만약 말하는 대로 모두 이루어진다면 무엇을 말하고 싶나요?

ADVENTURE

본문 말씀을 떠올리며 〈보기〉의 단어를 가지고 빙고 게임과 말씀 빈칸 채우기를 해요.

보 기

나병환자　　말　　그대로　　나귀　　정탐　　말씀

왕궁　　아람　　군대　　여호와　　세겔　　사마리아

1 열왕기하 7장 9a절을 찾아 완성해요.

"○○○○들이 그 친구에게 서로 말하되 우리가 이렇게 해서는 아니되겠도다."

2 열왕기하 7장 9b절을 찾아 완성해요.

"오늘은 아름다운 소식이 있는 날이거늘 우리가 침묵하고 있도다 만일 밝은 아침까지 기다리면 벌이 우리에게 미칠지니 이제 떠나 ○○에 가서 알리자 하고."

3 열왕기하 7장 10절을 찾아 완성해요.

"가서 성읍 문지기를 불러 그들에게 말하여 이르되 우리가 아람 진에 이르러서 보니 거기 한 사람도 없고 사람의 소리도 없고 오직 ○과 ○○만 매여 있고 장막들이 그대로 있더이다 하는지라."

4 열왕기하 7장 16절을 찾아 완성해요.

"백성들이 나가서 아람 사람의 진영을 노략한지라 이에 고운 밀가루 한 스아에 한 ○○이 되고 보리 두 스아가 한 ○○이 되니 ○○○의 ○○과 같이 되었고."

5 열왕기하 7장 20절을 찾아 완성해요.

"그의 장관에게 ○○○ 이루어졌으니 곧 백성이 성문에서 그를 밟으매 죽었더라."

VALUE

말씀하신 대로!

하나님은 말씀하신 모든 것을 그대로 성취하셨어요. 하나님의 말씀대로 성취된 것은 무엇이 있는지 살펴보세요.

하나님이 성경을 통해 나에게 주신 말씀은 무엇인가요?

ENCOURAGE

이번 주 미션

내가 원하는 기도 제목이 아닌, 하나님의 말씀이 이루어지길 소망하며 기도 제목을 적어 보세요.

기도 제목:

느낀 점:

이번 한 주 실천사항

실천하기	성경 읽기	기도하기	말씀 암송	이번 주 미션
확인 도장				

예배 일기

주일 예배의 은혜를 기억하며 나의 예배 일기를 작성해 보세요.

날짜 년 월 일

가장 좋았던 찬양

말씀 제목

느낀 점

기도

11단원 3과

하나님께 돌아가요

읽을 말씀 열왕기하 11장 13~21절

외울 말씀 하나님이여 우리를 돌이키시고 주의 얼굴빛을 비추사 우리가 구원을 얻게 하소서(시편 80편 3절)

원 포인트 우상을 버리고 하나님께 돌아가요.

WELCOME

포기할 수 없어!

내가 가진 것 중에서 정말 포기하기 어려운 것은 무엇인가요?

ADVENTURE

열왕기하 11장 13~21절을 읽고, 〈보기〉의 단어에서 답을 찾아 빈칸을 채우고 질문에 답해 보세요.

13절 ○○○가 호위병과 백성의 소리를 듣고 여호와의 성전에 들어가 백성에게 이르러
14절 보매 왕이 규례대로 단 위에 섰고 장관들과 나팔수가 왕의 곁에 모셔 섰으며 온 백성이 즐거워하
여 나팔을 부는지라 아달랴가 옷을 찢으며 외치되 반역이로다 반역이로다 하매
15절 제사장 ○○○○가 군대를 거느린 백부장들에게 명령하여 이르되 그를 대열 밖으
로 몰아내라 그를 따르는 자는 모두 칼로 죽이라 하니 제사장의 이 말은 여호와의 성전에서는 그
를 죽이지 말라 함이라
16절 이에 그의 길을 열어 주매 그가 왕궁의 말이 다니는 길로 가다가 거기서 죽임을 당하였더라
17절 여호야다가 왕과 백성에게 여호와와 언약을 맺어 여호와의 백성이 되게 하고 왕과 백성 사이에
도 ○○을 세우게 하매
18절 온 백성이 ○○의 신당으로 가서 그 신당을 허물고 그 제단들과 ○○들을 철저히
깨뜨리고 그 제단 앞에서 바알의 제사장 ○○을 죽이니라 제사장이 관리들을 세워 여호
와의 ○○을 수직하게 하고
19절 또 백부장들과 가리 사람과 호위병과 온 백성을 거느리고 왕을 인도하여 여호와의 성전에서 내
려와 호위병의 문 길을 통하여 왕궁에 이르매 그가 왕의 왕좌에 앉으니
20절 온 백성이 즐거워하고 온 성이 평온하더라 아달랴를 무리가 왕궁에서 칼로 죽였더라
21절 ○○○가 왕이 될 때에 나이가 칠 세였더라

보 기

맛단　성전　언약　아달랴　우상　바알　여호야다　요아스

1 본문이 시작될 때 유다를 다스리던 왕은 누구인가요? (왕하 11:13)

2 아달랴의 잘못된 행동을 개혁하기 위해 발 벗고 나선 제사장은 누구인가요? (왕하 11:15)

3 온 백성이 깨뜨린 것은 무엇인가요? (왕하 11:18)

VALUE

하나님은 몇 번째?

하나님보다 더 사랑하는 것이 있는지 생각해 보고, 이제부터는 하나님을 최우선으로 사랑하겠다고 다짐하며 결단문을 작성해 보세요.

결단문

나 ____________________ 은(는)
세상 그 무엇보다
하나님만을 최우선으로 사랑하는
사람이 되겠습니다.

1. 내가 하나님보다 더 사랑했던 것은 무엇인가요?

___

2. 하나님을 제일 사랑할 수 있나요?

___

ENCOURAGE

이번 주 미션

하나님만을 가장 사랑하기로 결단했으니, 한 주간 휴대폰을 사용하는 시간이나 친구들과 노는 시간을 줄이고 말씀을 읽어 보세요.

시간 :

본문 :

이번 한 주 실천사항

실천하기	성경 읽기	기도하기	말씀 암송	이번 주 미션
확인 도장				

예배 일기

주일 예배의 은혜를 기억하며 나의 예배 일기를 작성해 보세요.

날짜 년 월 일

가장 좋았던 찬양

말씀 제목

느낀 점

기도

11단원 4과

하나님은 우리를 지키세요

읽을 말씀 열왕기하 13장 14~25절

외울 말씀 여호와께서 너를 실족하지 아니하게 하시며 너를 지키시는 이가 졸지 아니하시리로다(시편 121편 3절)

원 포인트 하나님은 하나님의 백성을 지키세요.

WELCOME

무서울 때 가장 먼저 생각나는 사람은?

무서울 때 가장 먼저 떠오르는 사람은 누구인가요? 친구들과 나눠 보세요.

ADVENTURE

본문 말씀을 떠올리며 다음 문제를 풀어 보세요.

1 요아스가 통치하던 시대에 선지자 ◯◯◯ 가 병이 들어 죽게 되었어요. (왕하 13:14)

답 ____________

2 엘리사의 죽음을 앞두고 요아스는 엘리사를 찾아와서 엘리사에게 이스라엘의 ◯◯ 와 ◯◯ 이여라고 말하며 통곡했어요. (왕하 13:14)

답 ____________

3 엘리사는 이스라엘의 왕에게 손으로 '♬▼◎■'을 잡으라고 말했어요. (왕하 13:16)

답 ____________

암호	♬	♥	☆	■	♣
자음	ㅎ	ㄴ	ㅁ	ㄹ	ㅈ
암호	▼	◉	♠	◎	∨
모음	ㅗ	ㅜ	ㅣ	ㅏ	ㅔ

4 엘리사는 요아스에게 어느 쪽 창을 열고 활을 쏘라고 했나요? (왕하 13:17)

① 동쪽 ② 서쪽 ③ 남쪽 ④ 북쪽

답 ____________

5 요아스는 엘리사가 화살로 땅을 치라고 했을 때 몇 번 쳤나요? (왕하 13:18)

① 두 번 ② 세 번 ③ 네 번 ④ 다섯 번

답 ____________

6 화살로 땅을 세 번 친 요아스를 보고 엘리사는 칭찬했어요. (왕하 13:19) (O/X)

답 ____________

7 하나님께서 아브라함과 이삭 그리고 야곱과 세우신 언약 때문에 이스라엘에게 은혜를 베푸셔서 완전히 멸망시키지 않으셨어요. (왕하 13:23) (O/X)

답 ____________

8 요아스가 세 번 쳐서 무찌른 아람 왕은 누구인가요? (왕하 13:25)

답 ____________

VALUE

하나님이 함께하셔!

아래 그림을 보고 인형이 움직이는 이유가 무엇인지 이야기해 보세요.

1. 인형이 움직이는 이유가 무엇일까요?

2. 하나님이 나와 함께하신다는 것을 알고 있나요?

ENCOURAGE

이번 주 미션

우리를 지키시는 하나님을 기억하며, 한 주간 힘들고 두려운 상황이 발생할 때마다 하나님께 기도해 보세요.

내가 두려워하는 상황 :

기도 제목 :

소감 :

이번 한 주 실천사항

실천하기	성경 읽기	기도하기	말씀 암송	이번 주 미션
확인 도장				

예배 일기

주일 예배의 은혜를 기억하며 나의 예배 일기를 작성해 보세요.

날짜 년 월 일

가장 좋았던 찬양

말씀 제목

느낀 점

기도

12단원

DREAM WAVE UNIT 12

1과 하나님의 말씀에 순종해요

2과 하나님만 믿고 의지해요

3과 하나님께 간절히 기도해요

4과 말씀을 듣고 회개해요

5과 하나님의 백성은 겸손해요

12단원 1과

하나님의 말씀에 순종해요

읽을 말씀 열왕기하 17장 13~23절

외울 말씀 내가 네게 명령하는 이 모든 말을 너는 듣고 지키라 네 하나님 여호와의 목전에 선과 의를 행하면 너와 네 후손에게 영구히 복이 있으리라 (신명기 12장 28절)

원 포인트 하나님의 말씀을 듣고 순종해요.

WELCOME

어떤 아이가 착한 아이인가요?

다음 두 그림 중에 어떤 아이가 착한 아이라고 생각하나요?

ADVENTURE

본문 말씀을 기억하며 질문에 해당하는 정답을 가로, 세로, 대각선에서 찾아보세요.

김	교	유	다	지	파	자	주
화	아	토	일	편	꿈	정	학
차	다	윗	의	집	업	호	위
칸	수	인	고	바	가	금	훈
레	장	준	반	목	알	취	샌
러	랑	집	학	미	마	이	저
율	법	대	로	준	앗	수	르
바	남	방	치	결	있	월	상

1 열왕기하 17장 13절을 찾아 완성해요.
"여호와께서 각 선지자와 각 선견자를 통하여 이스라엘과 유다에게 지정하여 이르시기를 너희는 돌이켜 너희 악한 길에서 떠나 나의 명령과 율례를 지키되 내가 너희 조상들에게 명령하고 또 내 종 선지자들을 통하여 너희에게 전한 모든 ◯◯◯◯ 행하라 하셨으나."

2 열왕기하 17장 16절을 찾아 완성해요.
"그들의 하나님 여호와의 모든 명령을 버리고 자기들을 위하여 두 송아지 형상을 부어 만들고 또 아세라 목상을 만들고 하늘의 일월 성신을 경배하며 또 ◯◯을 섬기고."

3 열왕기하 17장 18절을 찾아 완성해요.
"여호와께서 이스라엘에게 심히 노하사 그들을 그의 앞에서 제거하시니 오직 ◯◯ ◯◯ 외에는 남은 자가 없으니라."

4 열왕기하 17장 21절을 찾아 완성해요.
"이스라엘을 ◯◯◯ ◯에서 찢어 나누시매 그들이 느밧의 아들 여로보암을 왕으로 삼았더니 여로보암이 이스라엘을 몰아 여호와를 떠나고 큰 죄를 범하게 하매."

5 열왕기하 17장 23절을 찾아 완성해요.
"여호와께서 그의 종 모든 선지자를 통하여 하신 말씀대로 드디어 이스라엘을 그 앞에서 내쫓으신지라 이스라엘이 고향에서 ◯◯◯에 사로잡혀 가서 오늘까지 이르렀더라."

VALUE

나는 어떤 아이일까요?

최근의 나의 모습을 돌아보며 하나님의 말씀에 순종한 것, 하나님의 말씀에 불순종한 것은 무엇이 있는지 적어 보세요.

ENCOURAGE

이번 주 미션

하나님 말씀에 불순종했던 것을 회개하며, 한 주간 하나님 말씀에 순종하기로 다짐해 보세요.

이번 한 주 실천사항

실천하기	성경 읽기	기도하기	말씀 암송	이번 주 미션
확인 도장				

예배 일기

주일 예배의 은혜를 기억하며 나의 예배 일기를 작성해 보세요.

날짜 년 월 일

가장 좋았던 찬양	
말씀 제목	
느낀 점	
기도	

12단원 2과

하나님만 믿고 의지해요

읽을 말씀 열왕기하 18장 1~12절

외울 말씀 만군의 여호와여 주께 의지하는 자는 복이 있나이다(시편 84편 12절)

원 포인트 하나님만 믿고 의지해요.

WELCOME

새로운 다짐

새로운 학기를 시작할 때 어떤 마음인가요?

ADVENTURE

본문 말씀을 떠올리며 〈보기〉의 단어를 가지고 빙고 게임과 말씀 빈칸 채우기를 해요.

보 기

여호와　말씀　유다　정직　히스기야　아세라
모압　놋뱀　앗수르　이스라엘　사마리아　느후스단

1 열왕기하 18장 1절을 찾아 완성해요.
"이스라엘의 왕 엘라의 아들 호세아 제삼년에 ○○ 왕 아하스의 아들 ○○○○가 왕이 되니."

2 열왕기하 18장 3절을 찾아 완성해요.
"히스기야가 그의 조상 다윗의 모든 행위와 같이 ○○○께서 보시기에 ○○하게 행하여."

3 열왕기하 18장 4절을 찾아 완성해요.
"그가 여러 산당들을 제거하며 주상을 깨뜨리며 ○○○ 목상을 찍으며 모세가 만들었던 놋뱀을 이스라엘 자손이 이때까지 향하여 분향하므로 그것을 부수고 ○○○○이라 일컬었더라."

4 열왕기하 18장 11절을 찾아 완성해요.
"○○○ 왕이 ○○○○을 사로잡아 앗수르에 이르러 고산 강 가에 있는 할라와 하볼과 메대 사람의 여러 성읍에 두었으니."

5 열왕기하 18장 12절을 찾아 완성해요.
"이는 그들이 하나님 ○○○의 ○○을 듣지 아니하고 그의 언약과 여호와의 종 모세가 명령한 모든 것을 따르지 아니하였음이더라."

VALUE

안 좋은 것 버리기!

새롭게 왕이 된 히스기야가 모든 우상과 산당을 제거했어요. 하나님의 사람으로 새롭게 태어나는 마음으로, 내 마음속에 있는 것 중 하나님이 싫어하시는 것을 쓰레기통에 버려 보세요.

ENCOURAGE

이번 주 미션

하나님을 의지하는 삶을 살기로 다짐해요. 큐티로 하루를 시작하고 기도로 하루를 마무리하며, 하나님의 사람으로 새롭게 거듭나는 한 주간을 보내 보세요.

큐티 본문:

기도 제목:

이번 한 주 실천사항

실천하기	성경 읽기	기도하기	말씀 암송	이번 주 미션
확인 도장				

예배 일기

주일 예배의 은혜를 기억하며 나의 예배 일기를 작성해 보세요.

날짜 년 월 일

가장 좋았던 찬양

말씀 제목

느낀 점

기도

12단원 3과

하나님께 간절히 기도해요

읽을 말씀 열왕기하 20장 1~11절

외울 말씀 너는 내게 부르짖으라 내가 네게 응답하겠고 네가 알지 못하는 크고 은밀한 일을 네게 보이리라(예레미야 33장 3절)

원 포인트 하나님은 간절한 기도를 들으세요.

WELCOME

간절한 소망이 있나요?

성탄절에 꼭 받고 싶은 선물이나 이루고 싶은 간절한 소망이 있나요?

ADVENTURE

열왕기하 20장 1~11절을 찾아 빈칸을 채우고 질문에 답해 보세요.

1절 그 때에 ○○○○가 병들어 죽게 되매 아모스의 아들 선지자 이사야가 그에게 나
아와서 그에게 이르되 여호와의 말씀이 너는 집을 정리하라 네가 죽고 살지 못하리라 하셨나이다
2절 히스기야가 낯을 벽으로 향하고 여호와께 ○○하여 이르되
3절 여호와여 구하오니 내가 진실과 ○○○○ 주 앞에 행하며 주께서 보시기에 선하
게 행한 것을 기억하옵소서 하고 히스기야가 심히 ○○하더라
4절 이사야가 성읍 가운데까지도 이르기 전에 여호와의 말씀이 그에게 임하여 이르시되
5절 너는 돌아가서 내 백성의 주권자 히스기야에게 이르기를 왕의 조상 다윗의 하나님 여호와의 말
씀이 내가 네 기도를 들었고 네 ○○을 보았노라 내가 너를 낫게 하리니 네가 삼 일 만에
여호와의 성전에 올라가겠고
6절 내가 네 날에 ○○ ○을 더할 것이며 내가 너와 이 성을 앗수르 왕의 손에서 구원하
고 내가 나를 위하고 또 내 종 다윗을 위하므로 이 성을 보호하리라 하셨다 하라 하셨더라
7절 이사야가 이르되 무화과 반죽을 가져오라 하매 무리가 가져다가 그 상처에 놓으니 나으니라
8절 히스기야가 이사야에게 이르되 ○○○께서 나를 낫게 하시고 삼 일 만에 여호와의
성전에 올라가게 하실 무슨 징표가 있나이까 하니
9절 이사야가 이르되 여호와께서 하신 말씀을 응하게 하실 일에 대하여 여호와께로부터 왕에게 한
○○가 임하리이다 해 그림자가 십도를 나아갈 것이니이까 혹 십도를 물러갈 것이니이
까 하니
10절 히스기야가 대답하되 그림자가 십도를 나아가기는 쉬우니 그리할 것이 아니라 십도가 뒤로 물러
갈 것이니이다 하니라
11절 선지자 이사야가 여호와께 간구하매 아하스의 해시계 위에 나아갔던 해 그림자를 십도 뒤로 물
러가게 하셨더라

보 기 통곡 히스기야 눈물 전심으로 징표 십오 년 기도 여호와

1 이사야를 통해 살지 못하고 죽을 것이라는 말을 들은 왕은 누구인가요? (왕하 20:1)

2 곧 죽을 것이라는 말을 들은 히스기야는 하나님께 기도했어요. 하나님은 그 기도를 어떻게 하셨나요? (왕하 20:5)

3 이후 하나님께서 히스기야의 생명을 몇 년 연장시켜 주셨나요? (왕하 20:6)

VALUE

간절한 소망을 누가 아실까?

예수님이 제자들에게 하신 말씀을 따라 적고, 다 알고 계시는 하나님께 간절하게 기도하고 싶은 것을 적어 보세요.

"너희 아버지께서는
이런 것이 너희에게 있어야
할 것을 아시느니라."

1. 하나님께 간절하게 기도해 본 적이 있나요?

2. 하나님께 간절하게 구하고 싶은 것은 무엇인가요?

ENCOURAGE

이번 주 미션

염려되는 기도 제목이 생길 때마다 하나님께 간절하게 기도해 보세요.

기도 제목 :

이번 한 주 실천사항

실천하기	성경 읽기	기도하기	말씀 암송	이번 주 미션
확인 도장				

예배 일기

주일 예배의 은혜를 기억하며 나의 예배 일기를 작성해 보세요.

날짜 년 월 일

가장 좋았던 찬양

말씀 제목

느낀 점

기도

12단원 4과

말씀을 듣고 회개해요

읽을 말씀 열왕기하 22장 8~20절

외울 말씀 우슬초로 나를 정결하게 하소서 내가 정하리이다 나의 죄를 씻어 주소서 내가 눈보다 희리이다(시편 51편 7절)

원 포인트 하나님의 말씀을 듣고 회개해야 해요.

WELCOME

나의 기준은?

결정을 내려야 할 때 무엇을 가장 먼저 생각하나요?

ADVENTURE

본문 말씀을 떠올리며 다음 문제를 풀어 보세요.

1 대제사장 힐기야는 여호와의 성전에서 ◯◯◯ 을 발견했어요. (왕하 22:8)

답 ____________

2 "왕이 율법책의 말을 듣자 곧 그의 옷을 ◯◯◯◯"(왕하 22:11). 답 ____________

3 유다의 조상들이 율법책의 말씀을 듣지 않고 행하지 않아서, 여호와가 '♬♠☆☆◎'를 내리셨어요. (왕하 22:13)

답 ____________

암호	♬	♥	☆	■	♣
자음	ㅈ	ㅅ	ㄴ	ㅁ	ㅎ
암호	▼	◉	♠	◎	V
모음	ㅏ	ㅜ	ㅣ	ㅗ	ㅔ

4 왕의 말을 들은 힐기야는 누구를 찾아갔나요? (왕하 22:14) 답 ____________

① 아히감 ② 악볼 ③ 사반 ④ 훌다

5 선지자 훌다는 주민에게 재앙이 내릴 것이라는 말씀이 어디에 쓰여 있다고 말하나요? (왕하 22:16)

답 ____________

6 유다의 조상들이 하나님 앞에서 범죄한 것은 우상숭배였어요. (왕하 22:17) (O/X)

답 ____________

7 훌다는 유다의 왕 요시야가 여호와 앞에서 무엇을 하였다고 말했나요? (왕하 22:19)

답 ____________

8 요시야는 예루살렘에 재앙이 내리는 모습을 보고서 죽었다. (왕하 22:20) (O/X)

답 ____________

VALUE

나의 결정은?

결정할 때 무엇을 기준으로 해야 할까요? 사람들이 하나님의 말씀대로 살지 않더라도 나는 항상 하나님의 말씀을 삶의 기준으로 삼겠다고 결단문을 작성해 보세요.

결단문

ENCOURAGE

이번 주 미션

우리 삶의 기준인 하나님의 말씀을 쓰며 하루를 돌아보고, 말씀대로 살지 못했던 모습을 회개하는 한 주간을 보내 보세요.

읽고 쓴 말씀 본문 :

회개 기도문 :

이번 한 주 실천사항

실천하기	성경 읽기	기도하기	말씀 암송	이번 주 미션
확인 도장				

예배 일기

주일 예배의 은혜를 기억하며 나의 예배 일기를 작성해 보세요.

날짜 년 월 일

가장 좋았던 찬양	
말씀 제목	
느낀 점	
기도	

12단원 5과

하나님의 백성은 겸손해요

읽을 말씀 열왕기하 25장 1~17절

외울 말씀 그러므로 하나님의 능하신 손 아래에서 겸손하라 때가 되면 너희를 높이 시리라(베드로전서 5장 6절)

원 포인트 하나님 앞에서 겸손해야 해요.

WELCOME

자신만만했다가?

그림을 보고 떠오르는 속담이 있나요? 친구들과 나눠 보세요.

ADVENTURE

그림을 보고 어떤 장면인지 친구들과 나누고, 배운 말씀을 기억하며 질문에 답해 보세요.

1. 예루살렘을 치러 온 민족은 어떤 민족인가요? (왕하 25:1)

2. 느부갓네살은 예루살렘을 점령하여 어떻게 했나요? (왕하 25:9)

VALUE

달란트를 주신 분은?

여러분이 받은 달란트는 누가 주신 것일까요? 다음 그림을 보고 뒤에 나올 문장을 작성해 보세요.

Q. 여러분이 잘하는 것은 무엇이고, 그 달란트는 누가 주셨나요?

나는 ________________________________ 을(를) 잘해.

왜냐하면 ________________________________ 때문이야.

ENCOURAGE

이번 주 미션

하나님 앞에서 겸손한 삶을 살기로 다짐하는 결단문을 작성하고, 사소한 것 하나까지도 하나님께 감사하고 영광 돌리는 한 주간을 보내 보세요.

결단문

이번 한 주 실천사항

실천하기	성경 읽기	기도하기	말씀 암송	이번 주 미션
확인 도장				

예배 일기

주일 예배의 은혜를 기억하며 나의 예배 일기를 작성해 보세요.

날짜 년 월 일

가장 좋았던 찬양	
말씀 제목	
느낀 점	
기도	

절기 공과

DREAM WAVE UNIT

추수 감사 주일

영원한 생명을 주셨어요

성탄 주일

예수님이 좋은 소식이에요

추수 감사 주일

영원한 생명을 주셨어요

읽을 말씀 로마서 6장 17~23절

외울 말씀 이제는 너희가 죄로부터 해방되고 하나님께 종이 되어 거룩함에 이르는 열매를 맺었으니 그 마지막은 영생이라(로마서 6장 22절)

원 포인트 영원한 생명을 주신 하나님께 감사해요.

WELCOME

어떤 모습이 더 좋아 보이나요?

두 어린이 중 누구와 친구가 되고 싶나요?

ADVENTURE

로마서 6장 17~23절을 읽고, 〈보기〉의 단어에서 답을 찾아 빈칸을 채우고 질문에 답해 보세요.

17절 하나님께 ○○하리로다 너희가 본래 ○○ ○이더니 너희에게 전하여 준 바 교훈의 본을 마음으로 순종하여

18절 죄로부터 ○○되어 의에게 종이 되었느니라

19절 너희 육신이 연약하므로 내가 사람의 예대로 말하노니 전에 너희가 너희 지체를 부정과 불법에 내주어 불법에 이른 것 같이 이제는 너희 지체를 의에게 종으로 내주어 거룩함에 이르라

20절 너희가 죄의 종이 되었을 때에는 의에 대하여 자유로웠느니라

21절 너희가 그 때에 무슨 열매를 얻었느냐 이제는 너희가 그 일을 부끄러워하나니 이는 그 마지막이 ○○임이라

22절 그러나 이제는 너희가 죄로부터 해방되고 하나님께 종이 되어 거룩함에 이르는 ○○를 맺었으니 그 마지막은 ○○이라

23절 죄의 삯은 사망이요 하나님의 은사는 그리스도 예수 우리 주 안에 있는 영생이니라

보 기

감사 하나님 죄의 종 해방 순종 영생 사망 열매 은혜

1 인간은 본래 무엇의 종이었나요? (롬 6:17)

2 죄에서 해방되어 의의 종이 된 바울은 어떠한 마음을 가지고 있나요? (롬 6:17~18)

3 죄의 종일 때의 열매는 사망이었어요. 하지만 이제 하나님의 종이 되었기 때문에 우리는 거룩함에 이르는 열매를 맺어요. 그 마지막은 무엇인가요? (롬 6:22)

VALUE

감사의 시작

감사의 시작은 작은 것부터 감사할 줄 아는 것이에요. 학교, 교회, 가정에서 아주 사소한 것이라도 감사한 것 세 가지씩을 찾아 작성해 보세요.

학교에서 감사한 것

1.

2.

3.

교회에서 감사한 것

1.

2.

3.

가정에서 감사한 것

1.

2.

3.

ENCOURAGE

이번 주 미션

매일 자기 전, 일기장에 하루 동안 감사했던 일을 하나씩 적어 보세요.

감사 일기장

주일	
월	
화	
수	
목	
금	
토	

이번 한 주 실천사항

실천하기	성경 읽기	기도하기	말씀 암송	이번 주 미션
확인 도장				

예배 일기

주일 예배의 은혜를 기억하며 나의 예배 일기를 작성해 보세요.

날짜 년 월 일

가장 좋았던 찬양	
말씀 제목	
느낀 점	
기도	

성탄 주일

예수님이 좋은 소식이에요

읽을 말씀 누가복음 2장 8~20절

외울 말씀 오늘 다윗의 동네에 너희를 위하여 구주가 나셨으니 곧 그리스도 주시니라(누가복음 2장 11절)

원 포인트 예수님이 세상의 좋은 소식이에요.

WELCOME

2023년 나의 3대 뉴스

2023년을 돌아보며, 한 해 동안 있었던 가장 중요한 일 세 가지를 생각해 보세요.

ADVENTURE

누가복음 2장 8~20절을 읽고, 〈보기〉의 단어에서 답을 찾아 빈칸을 채우고 질문에 답해 보세요.

8절 그 지역에 목자들이 밤에 밖에서 자기 양 떼를 지키더니

9절 주의 사자가 곁에 서고 주의 영광이 그들을 두루 비추매 크게 무서워하는지라

10절 천사가 이르되 무서워하지 말라 보라 내가 온 백성에게 미칠 큰 기쁨의 ○○ ○○을 너희에게 전하노라

11절 오늘 ○○의 동네에 너희를 위하여 ○○가 나셨으니 곧 ○○○○ 주시니라

12절 너희가 가서 강보에 싸여 구유에 뉘어 있는 아기를 보리니 이것이 너희에게 표적이니라 하더니

13절 홀연히 수많은 천군이 그 천사와 함께 하나님을 찬송하여 이르되

14절 지극히 높은 곳에서는 하나님께 영광이요 땅에서는 하나님이 기뻐하신 사람들 중에 평화로다 하니라

15절 천사들이 떠나 하늘로 올라가니 목자가 서로 말하되 이제 ○○○○으로 가서 주께서 우리에게 알리신 바 이 이루어진 일을 보자 하고

16절 빨리 가서 마리아와 요셉과 구유에 누인 아기를 찾아서

17절 보고 천사가 자기들에게 이 아기에 대하여 말한 것을 전하니

18절 듣는 자가 다 목자들이 그들에게 말한 것들을 놀랍게 여기되

19절 마리아는 이 모든 말을 마음에 새기어 생각하니라

20절 목자들은 자기들에게 이르던 바와 같이 듣고 본 그 모든 것으로 인하여 하나님께 영광을 돌리고 찬송하며 돌아가니라

보 기

다윗 바울 천사 구주 그리스도 좋은 소식 베들레헴 예수 말씀

1 천사는 예수님의 탄생이 온 백성에게 미칠 큰 기쁨의 무엇이라고 말했나요? (눅 2:10)

2 예수님은 하나님과 사람들에게 각각 무엇으로 여김을 받았나요? (눅 2:14)

3 천사들은 예수님이 태어나신 장소가 어디라고 말하나요? (눅 2:15)

VALUE

굿 뉴스 전하기!

이번엔 여러분이 기자가 되어서 좋은 소식을 들고 주변 곳곳을 찾아가 볼까요?

학교에서

학원에서

가정에서

그 외

ENCOURAGE

이번 주 미션

매일 아침 기도하며 예수님이 오신 가장 좋은 소식을 전하고 싶은 사람을 생각해 보고, 한 주간 실천해 보세요.

요일	기도했나요?	누구에게 전하고 싶나요?	실천 여부(O/X)
월			
화			
수			
목			
금			
토			

이번 한 주 실천사항

실천하기	성경 읽기	기도하기	말씀 암송	이번 주 미션
확인 도장				

예배 일기

주일 예배의 은혜를 기억하며 나의 예배 일기를 작성해 보세요.

날짜 년 월 일

가장 좋았던 찬양	
말씀 제목	
느낀 점	
기도	

드림 웨이브

하나님 나라의 통치 2